U0047319

不如讀莊子

Zhuangzi

教你
如何活得自由
的寓言

羅龍治 編撰

原書書名：《莊子：哲學的天籟》

時報出版

《不如讀莊子》序

人，生活在現實的社會中，是不自由的。莊子學說的要旨，便是把人推到極限的狀態，以求實現自由的願望。

本書的原作者叫做莊周。莊周的身世，到現在仍在五里霧中。

根據《史記・老莊申韓列傳》上說：他是戰國時代，宋國的人。他和梁惠王、齊宣王同時。他做過管理漆樹園的「吏」（園長？）。楚威王想聘他做宰相，他笑著說：「我還是自由自在的好！」

這是現存一篇最早的傳記。這篇傳記是莊子死後約二百多年，由大史學家司馬遷所記錄的。而傳記的內容，十分簡略。對於莊周的父母是誰？他的子女是些什麼人？我們都一無所知。

《史記》的〈宋世家〉和《戰國策》，也沒有莊子的記錄。根據莊子自己所說的話，他是結過婚的。但是他的妻比他早死。他的生活很窮。他穿著寬大的布衣，上面打了許多補綻，

腰間繫上一根草繩，腳上穿的草鞋，鞋子的後跟都脫掉了，但他毫不在乎。

莊子只有一個最能談話的朋友，叫做惠施。惠施也比莊子早死。就是那個和公孫龍一樣喜歡談論「雞三足，卵有毛」的惠施。惠施死後，莊子說：「我再也找不到說話的人了！」此外，在莊子身邊周旋的，只有幾個他的弟子，這些弟子的面孔也很模糊。

因此，我們可以說：莊子是一個最寂寞的人。他一生沒有一個知己，如果要說他有知己，他的知己便只是一些大自然的化身。像高飛九萬里的大鵬鳥，餐風飲露的姑射山神女，歌吹天籟的南郭子綦（ㄑㄧ），以及和他在夢中相會的蝴蝶，寥寥數子而已。

莊周所著的《莊子》這本書，原來有幾篇？原書是什麼樣子？已經沒有人知道。我們現在所看到的《莊子》，是晉代郭象所重編的三十三篇本。這三十三篇包括：內篇七篇（〈逍遙遊〉、〈齊物論〉、〈養生主〉、〈人間世〉、〈德充符〉、〈大宗師〉、〈應帝王〉）；外篇十五篇（〈駢拇〉、〈馬蹄〉、〈胠篋〉、〈在宥〉、〈天地〉、〈天道〉、〈天運〉、〈刻意〉、〈繕性〉、〈秋水〉、〈至樂〉、〈達生〉、〈山木〉、〈田子方〉、〈知北遊〉）；雜篇十一篇（〈庚桑楚〉、〈徐无鬼〉、〈則陽〉、〈外物〉、〈寓言〉、〈讓王〉、〈盜跖〉、〈說劍〉、〈漁父〉、〈列禦寇〉、〈天下〉）。據唐代陸德明的《經典釋文·序錄》說：崔譔有《莊子注》二十七篇，向秀有《莊子注》二十六篇，司馬彪

有《莊子注》五十二篇，李頤有《莊子集解》二十篇，孟氏有《莊子注》五十二篇。《漢書·藝文志》也說《莊子》五十二篇。可見至少到晉代，《莊子》的舊本已經散亂。

莊子生活的時代是戰國時代。那是一個「強凌弱、眾暴寡」的時代。那是一個離亂、痛苦的時代。《莊子》書中，處處反映那時代的痛苦。《莊子·則陽篇》上說：柏矩到齊國去，剛踏入齊國的郊外，第一眼看見的便是一具罪犯的屍體。柏矩跪了下去，把他扶起來，用自己的衣服披在他的身上，放聲大哭道：「哎呀，天下最大的災害，你先就遇上了！真可憐啊！國法上說：『不要去做強盜，不要去殺人』，但是，誰在做強盜，誰在殺人呢？強盜殺人的行為，要責備誰才好呢？」

莊子出生的地點在宋國，宋國在河南洛陽附近，是一個小國，又處在四戰之地。宋國本是殷商民族敗亡以後的殘餘，被征服者的歷史，總是塗上許多悲慘的色彩。而到了莊子的時代，征服者周王朝的權威，也只剩下一抹斜陽，捲縮在洛陽的城頭。城外，那座商朝大臣箕子的墳墓，早已籠罩在一片蒼茫暮色之中。

現實世界的痛苦，是一個無底的陷阱。夕陽下的權威，丘壟黃土下的賢者，是偉大？還是渺小？莊子的視線，從此移開了人世，他所曠觀的乃是無窮的時空。

莊子察覺了人的根本問題，在於人的不自由。人為什麼不自由，因為人有依賴……人依賴物

質而生活，人依賴情感而生活，人依賴知識而生活，人依賴藝術而生活，人依賴上帝而生活。這些依賴，便使人人陷入自我播弄的「不自由」的境地。如果人要實現自由，便須先去掉依賴之心。

莊子認為：人必須自覺人的存在，是和無限時空中大自然的有機運作，息息相關的。人必須用自然來觀察「一切」。自然像是一個渾沌，人也要像一個渾沌。換句話說：人不要從他人而畫出自己，不要從自然畫出人，不要從無價值畫出價值，不要從過去和未來畫出現在，不要從死亡畫出生存，不要從無限畫出有限。這樣才能超越束縛而得到自由。這就是莊子哲學最不同於諸子百家的地方。

莊子的哲學，是自由的哲學。是把生命放入無限的時間、空間去體驗的哲學。許多哲學家是把一棵活生生的樹砍死了，才作分析。莊子則就一棵活生生的樹來體驗他的生命。

從《莊子》的架構和層次來看，莊子是太偉大了。世俗是距離他太遠了。莊子的大鵬高飛在九萬里的天空，小麻雀自然要笑他了。所以，世俗對於莊子的誤解、誹謗是必定要發生的。世俗的人說莊子是消極的、避世的、頹廢的、虛無的。但事實上，究竟誰才是真正面對生命的真實呢？世俗又說莊子是個人主義、神秘主義、無政府主義。其實，莊子的睿智卻高高地超出了這些主義。這些主義和莊子沒有什麼相干。正如一切的知識不能附麗在大道上面

一樣。

人世的生活，在莊子看來，是「無生命的秩序」，莊子所要追求的卻是「有生命的無秩序」。

人，喜歡樹的形狀和顏色。莊子卻喜歡樹的生命。

我這本白話《莊子》，是以郭慶藩的《莊子集釋》，王先謙的《莊子集解》、王叔岷的《莊子校釋》等做為底本，把《莊子》原典中最具故事性的部分，採選出來，改寫成白話故事，做為一般讀者的家庭讀物。由於莊學十分深奧，改寫所發生的錯誤必然不免，請海內外方家多批評指正是幸。

羅龍治序於臺北

目次

巨大的怪鳥

逍遙遊第一

北海有一條鯤魚，他的身子有幾千里那麼大。有一天，他突然變成了一隻大鵬。這隻大鵬的背，就有幾千里之廣。他的翅膀張開來，像是天邊垂下來的兩片黑雲。

《齊諧》這本故事書上說：當北海上的巨風來臨的時候，海水混濁得像是沸騰了一樣。這時，大鵬不能住了，便張開翅膀，激起三千里的浪花，然後藉著旋風往天空衝去，一直飛上九萬里的高空。飛了六個月才到達南海，在那裡休息。南海是一個天然的大池。

當大鵬在九萬里的高空，低頭向下一望，只見野馬般的游氣，和生物氣息吹動的浮塵，渾濛濛的一片，地面上所有的山河城屋，都消失不見了。大鵬又抬頭向上一望，只見天色蒼茫無際。天地和他渾然混合為一了。

小麻雀自鳴得意

【Point】

◎莊子的大鵬一起飛，在九萬里高空的渾然蒼茫境界，便是打破一切人為的「相對價值」的世界。

◎大鵬要憑藉巨風才能高飛。如果他心中忘了巨風，自然而然、自由自在，這叫做「沒有依賴的逍遙」——莊子的術語稱做「無待的逍遙」。這就像姑射山的神人乘雲氣、御飛龍一樣了。（詳參見本篇〈姑射山的神女〉條。）

大鵬飛在九萬里高空的時候，小麻雀譏笑他說：「那傢伙花這麼大的力氣，飛那麼高幹什麼呀？我在地上想飛就飛。有時候，我一飛就到了榆樹上。有時候，我一飛，飛不到樹上，我就落回地面上罷了。像我這樣自來自去，在草地樹林裡穿梭，也可以說是飛的絕技了。」

【Point】

◎小麻雀的飛行、小麻雀的知識、小麻雀的境界，都和大鵬不一樣。

◎小麻雀的飛行、知識、境界，根本不能了解大鵬，所以才會嘲笑。我們不必笑小麻

寒蟬和靈龜

雀，也不必羨慕大鵬。

――

世人都說：「彭祖活了八百歲，是人間最長壽的了。」但是，把八百歲當做長壽，仔細想想，實在是很可悲的事。

因為有一種小蟲叫做「朝菌」，朝生而暮死。他根本不知道世間有所謂的「一個月」。另外有一種蟲子，叫做寒蟬，春生而夏死，夏生而秋死。他又根本不知道世間有所謂的「四季」。可是楚國南方的海上，有一隻巨大的靈龜，五百年對他只是一個春季，五百年對他只是一個秋季。上古時代有一種椿樹，八千年對它只是一個春季，八千年對它只是一個秋季。

朝菌和寒蟬叫做「小年」。靈龜和椿樹叫做「大年」。「小年」是不會了解「大年」的。

彭祖八百歲，對靈龜和椿樹來說，不也是「小年」嗎？世人把彭祖認為是長壽，不也就是「小年」的悲哀嗎？

列子御風而行

【Point】

「小年」不了解「大年」。所以人世上，小智慧也不了解大智慧。

———

列子能夠駕御風飛行，輕飄飄的十分美妙，他出去了十五天才回來。他的這種幸福，世上已是罕見的了。

但是，對於有道的人看來，列子雖然不必用腳走路，究竟還是要依靠「風」才能飛行，所以也不是真正的自在逍遙。

【Point】

世俗的「逍遙」，就像世人的幻想：「我要是能飛就好了。」其實，這種逍遙，仔細想想看，並不真正自在。列子御風的故事，可以喚醒我們的夢幻和淺見。列子御風而忘不了風，所以不是真的逍遙。

許由不受天下

堯想把天下讓給許由，怕許由一口回絕，所以堯說：「太陽、月亮都出來了，還要我這小火把幹嘛？及時雨都下過了，還要人工灌溉幹嘛？我認為我實在不如你，所以請允許我把天下交給你吧！」

許由說：「算了吧！小鳥在樹林做巢，所需不過一枝；老鼠在溪流喝水，所需也不過滿肚。你把天下讓給我，我要拿來做什麼呢？況且天下已經給你治好了，你想把這個美名讓給我嗎？我要這『空名』做什麼呢？」

【Point】

智慧圓通的人，絕不妄求「空名」。這用莊子的話說，叫做「聖人無名」。（道家所謂聖人是智慧圓通的人，而非儒家的聖人。）

姑射山的神女

在遙遠的北海中，有一座姑射（一ㄝˋ）山。

姑射山上有一個神女，肌膚像冰雪般的潔白，意態輕盈像處女。

她不吃五穀，只是吸吮空氣和露水而已。

越人文身

她可以乘御著雲氣，駕馭飛龍，遨遊到四海之外的虛空。

她的精氣凝聚起來，所到之處能使萬物不腐壞，也可使穀物成熟。

她的精氣既廣被萬物，所以人世的治亂在她看來，只是大海中的一個泡沫。

她的污垢、她的糟粕，不知道可以造就人世多少的堯舜？

【Point】

在廣大的宇宙中，人世的治亂如泡沫的生滅。所以神化莫測的人，明白自然生滅的道理，便不會妄想「立功」。

———

有一個宋國人帶著帽子和衣服到南方的越國去販賣，他以為可以賺到一筆大錢。但是，越人的風俗是：剪斷了頭髮，赤裸著身子，身上刺畫著文彩，全不穿戴衣帽。所以宋人的衣帽對他全沒有用處。

惠施的大葫蘆

用和無用，功和無功，都是相對的，不可執著不化。所以，想通了這道理，堯舜的有功無功和宋人衣帽的有用無用，都同樣不是絕對的。姑射山的神人把堯舜的功勞看做泡沫的生滅，便是同樣之理。

惠施是莊子的好朋友。有一次，惠施對莊子說：「魏王給了我一些大葫蘆的種子。我把它種了，結的葫蘆極大，可以裝五石的容量。可是，它的質料不堅固，用來盛水，一拿起來就破了。切成兩個瓢，又太淺裝不了多少東西。因此，這葫蘆雖然大，卻大得沒有用處。我就把它打破丟了。」

莊子聽了，笑說：「可惜啊！你竟不會用大的東西。這個葫蘆這麼大，你何不做一個網絡把它套起來，然後把它綁在腰上，做為『腰舟』，讓你在水中載浮載沉，不是也很愉快嗎？為什麼一定要用來裝水呢？」

宋人的秘方

有用和無用是相對的。惠施堅持以為葫蘆只能用來裝水，莊子卻認為不可以這樣堅持。因此惠施的想法行不通之後，莊子變通的用法，便顯出了妙用。這叫做「無用之用」。

───

宋國有一族人，善於製造一種藥。這種藥，冬天的時候，用來擦在皮膚上，可使皮膚不會乾裂。所以這一族人，世世代代便做漂白布絮的生意。

後來，有個客人聽見這消息，便出了百金的高價，向他們族人收購了這個秘方。

那個客人買得秘方以後，便把它獻給吳王，並說明這個秘方在軍事上的妙用。

那時吳越雙方是世仇，吳王得到這秘方以後，就在冬天發動水戰。吳人持有秘方，軍士都不生凍瘡。越人沒有這種藥，軍士便生皮膚病而大敗。

吳人打敗越人以後，獻秘方的客人，便受封了一大塊的土地，生活富裕，社會地位也不同了。

無用的樗樹

【Point】

同樣的一種藥方，有人不會用，只好世代漂絮。有人會變通使用，便裂土封侯。所以，有用無用，要看你怎樣用。

———

惠施對莊子說：「我有一棵很大的樹，樹名叫做樗（ㄕㄨ）。這樹的主幹，木瘤盤結。它的小枝，也都凸凹扭曲，完全不合乎繩墨規矩。這樹就長在路邊，但從來就沒有木匠去理會它。現在你所講的話，依我看也就和這大樹一樣，大而不適用，有誰人會採信呢！」

莊子說：「你沒有看見狐狸和野貓嗎？為了捕食，東竄西跳，不管高低，結果往往中了機關，死在陷阱裡。至於犛牛身子雖大，像天空垂下來的一塊雲，但他卻不能捉老鼠。現在你有一棵這樣大的樹而愁它無用，那何不把它種在廣大空曠的地方，很舒適地在樹下盤桓休息。這樹既然沒有其他的用處，自然也就不會有人來砍伐，而且它又不會妨害別人，自然你也不必操心了。」

【Point】

◎樗樹沒有什麼用處，所以不會被砍伐。這對樗樹來講，「無用之用」正是它本身最大的用處。樗樹的逍遙自在也就顯示出來了。

◎許多人以為盤桓在樹下休息的人，便是真正逍遙的人。這是不正確的。因為有心依靠樗樹而得來的逍遙，仍然是「有待的逍遙」。所以，逍遙要看你的心境怎樣，有依賴心就不自由了。

大地的簫聲

齊物論第二

南郭子綦（ㄑㄧˊ）有一天斜靠著矮桌，仰頭向天慢慢地吐出了一口氣，悠然地進入了忘我的境界。

他的弟子顏成子游便問道：「怎麼回事啊！你今天的樣子和往日大不相同哩。難道說人的形體可以變成枯木，心靈也可以化做滅灰（死灰）嗎？」

南郭子綦說：「子游，你問得好。剛才我進入忘我的境界，你知道嗎？你聽過人的簫聲，卻沒有聽過大地的簫聲；你就是聽過大地的簫聲，也還沒有聽過天的簫聲啊！」

子游說：「請問這是什麼道理？」

南郭說：「人的簫聲，就是排簫或雲簫，是不必說了。大地的簫聲就是風聲。」

子游說：「風聲我也聽過啊！」

天的簫聲

南郭說：「不要急，慢慢聽我講風聲的道理。」南郭繼續說，「大地吐發出來的氣叫做風。風一發作，所有的孔穴便大叫起來。記得大風嗎？大風一吹，山林巨木的孔穴，有的像鼻子、像嘴巴、像耳朵；有的像圈圈、像春臼；有的像深池、像淺坑。這些孔穴一起發聲，有的像急流、像羽箭；有的像叫罵、像呼吸。有的粗、有的細，有的深遠、有的急切。所有的孔穴像在唱和一樣。大風過去以後，所有孔穴都靜了下來，只有樹枝還在搖動而已。這就是大地的簫聲。」

【Point】

◎人吹出來的簫聲，使你聽來有喜怒哀樂。大地山林的簫聲，你會認為它也有喜怒哀樂嗎？

◎聲音的本身是沒有所謂喜怒哀樂的。這點只要你換一個立場去聽，就會明白了。用「人」的立場去聽簫聲，便有喜怒哀樂。用「自然」的立場去聽簫聲，便沒有喜怒哀樂了。

◎所以，喜怒哀樂是「人為的分別」，而不是自然。

顏成子游對南郭子綦說：「剛才你講的大地的簫聲和人吹的簫聲拿來相比較，

誰是主宰？

我好像聽懂了。那麼更高境界的『天的簫聲』又是怎樣的道理呢？」

南郭說道：「用剛剛我講過的道理做基礎，你才能聽懂天的簫聲。現在你注意聽吧！天的簫聲是什麼呢？風吹各種不同的孔穴，發出不同聲音。這些聲音所以有千萬種的差別，乃是自然的孔穴狀態使然。而使它們發動的還會有誰呢？」

【Point】

◎人的簫聲、大地的簫聲、天的簫聲，莊子原文分別是：「人籟」、「地籟」、「天籟」。

◎一切都是自然。

◎風聲是誰發出的？（風聲指各種孔穴的聲音）

◎風是誰發動的？

人的形體有許多的骨頭、孔穴、內臟。他們存在得很完備。他們之間是怎麼樣互相支配的呢？都是奴婢嗎？奴婢怎能互相支配？是奴婢們輪流支配嗎？還是另有真正的主宰呢？

西施是美女嗎？

用人的立場去追尋「真正的主宰」的話，你說「有真正的主宰」，也不能增減自然的一分。你說「沒有真正的主宰」，也不能增減自然的一分。

人生下來以後，用「人」的立場去追尋「真正的主宰」，就好像把「我」放在馬背上拚命奔馳一樣，永遠停不下來，最後呢？心靈和形體都消失了，這不是最大的悲哀嗎？

【Point】

◎用人的立場去追尋「真正的主宰」，就好像用人的立場去聽人吹的簫聲一樣。永遠聽不到大地和天的簫聲。

◎用人的立場追尋「有」、「無」，不管是「以有為無」或「以無為有」都是迷路了。

◎一切都是「自然」。用自然的立場去追尋「主宰」，主宰便「非有非無」。「非有非無」就是超越「有無」的人為分判了。

如果我們當初把天地叫做「馬」，或是把天地叫做「指」，那麼天地便是馬，或便是指了。

朝三暮四

路是人走出來的，名稱是人叫出來的。人自己認為對的，就說「對」。人自己認為不對的，就說「不對」。但是「對」和「不對」的標準是什麼呢？人認為西施是美女。魚呢？魚看了西施，可能就沉入水底去了。

【Point】

人用人的立場去創造知識、創造藝術，人就被人所創造的「知識之環」、「藝術之環」套住了。

有個養猴子的人，拿橡子餵猴子吃。有一天，他對猴子說：「早上給你們吃三升橡子，晚上給你們吃四升橡子，好不好？」那些猴子全都生氣了。他又對猴子說：「那麼，我早上給你們吃四升，晚上給你們吃三升好了。」猴子都高興得不得了。

昭文不再彈琴

◎「朝三暮四」和「朝四暮三」在名稱上雖然不同，實質上並無增減。可是猴子的喜怒卻被支配著。

◎人是否經常也犯著和猴子相同的錯誤？想想看。

———

昭文是古代的琴師，他的琴彈得非常好。

但是，後來昭文再也不彈琴了。因為他終於悟到：「當你彈琴的時候，只要你發出一個聲音便失掉了其他的聲音。只有當你住手不彈的時候，才能夠五音俱全。」

【Point】

◎古代把宮、商、角、徵（ㄓ）、羽，稱做五音。

◎陶淵明的琴，沒有一根弦，他「彈」琴的時候，便只用手「摸摸」而已。淵明的琴，便叫「無弦琴」。

惠施靠在梧桐上

惠施口才很好，和人辯論了一輩子。每次當他辯論累了，就靠在梧桐樹上休息。

惠施靠在梧桐樹上休息的時候，有一次，終於悟出了不辯論的道理。從此就不再勞神去和人家辯論了。

【Point】

利用口才的辯論，把人駁倒，你便算勝利了嗎？你認為你「勝利」，這正是你的「失敗」。因為大道是不能用任何人為的「語言」、「符號」來表達的。

莊子說話不說話？

莊子說：「我一輩子說了那麼多的話，但是，我實在沒有說過一句話。」

【Point】

佛陀為了不讓眾生誤解佛法、不執著在經文的字句名相上，就說：「吾四十九年住世，未曾說一字。」這是不是和莊子有異曲同工之妙？

王倪不知道

齧（ㄋㄧㄝ、）缺問王倪說：「你知道萬物的知識，有共同的標準嗎？」

王倪說：「我怎麼知道呢？」

齧缺又問：「你知道你所不知道的事物嗎？」

王倪說：「我怎麼知道呢？」

齧缺再問：「那麼關於萬物的知識，就無法知道了嗎？」

王倪說：「我怎麼知道呢？」

王倪知道不知道？

齧缺問王倪三句話，王倪三問三不知。齧缺有點失望。

王倪說：「你何必失望呢？你怎麼知道我所說的『知』不是『不知』呢？你又怎麼知道我所說的『不知』便是『知』呢？」

齧缺聽了，心中若有所悟。王倪便又說道：「我且問你。人睡在潮濕的地方，會得到關節炎，泥鰍會這樣嗎？人住到高樹上就會害怕，猴子會這樣嗎？人、泥鰍、猴子住的地方都不一樣，誰知道哪個住處才標準呢？人喜歡吃肉，鹿喜歡吃草，蜈蚣喜歡吃蛇，烏鴉喜歡吃老鼠。這四種動物口味不同，誰知道哪個口味是標準的呢？」

麗姬的哭泣

萬物的知識，標準不一。所以「人為」的標準，不是「唯一」、「絕對」的標準。如果不明白這一點，誤把「相對」當做絕對，那便離大道越來越遠了。

麗姬做新娘，嫁給晉獻公的時候，傷心得把衣服都哭濕透了，後來，到了晉國的王宮，睡在柔軟的床上，吃著四海的美味，才知道自己出嫁時哭泣，有多愚蠢啊！

【Point】

人都怕死。這是不是和麗姬出嫁時的心情一樣？這是不是像自幼流浪在外的人，到老了還不知道回家一樣？

長梧子的大夢

長梧子對瞿（ㄐㄩ）鵲子說：「做夢的人，往往不知道自己在做夢。當他在夢中還在占卜吉利不吉利。到他醒來以後，才知道剛才在做夢。」

長梧子又說：「有大覺悟的人，才知道生是一場大夢。但有時候，有些愚人卻自以為是大覺悟。」

長梧子再說：「我和你都在做夢。我說你做夢，也是說夢話哩！我的話如果有人懂，就是在億萬年之後，也像剎那間遇到他一樣。」

【Point】
◎有大疑惑的人，才可能有大覺悟。不疑不惑的人，終究不會有大悟。
◎愚人往往自以為大悟，所以愚人終究還是愚人。

影子的對話

罔兩是影子的影子。

罔兩問影子說：「你一會兒走、一會兒停；一會兒坐、一會兒站。這是怎麼搞的？你不由自主嗎？」

蝴蝶夢的大覺

影子說：「我是有所依賴才這樣子的吧！我所依賴的東西又有他的依賴，才這樣子的吧！蛇靠橫鱗才能爬行，蟬靠翅膀才能飛。但牠們死了，雖有橫鱗、翅膀也仍然不會爬、不會飛呀！所以依賴『不依賴』，才是自然吧！」

【Point】

◎自然之道，是一種變化之道。沒有固定的「君」，沒有固定的「臣」。

◎依賴「不依賴」，便是變化之道。這意思是說：不要有心去依賴，也不要有心不依賴。「有心」便是人為而不自然了。

有一天的黃昏，莊周夢見自己變成了蝴蝶。他拍拍翅膀，果然像是一隻真蝴蝶，快樂極了。這時候，他完全忘記了自己是莊周。

過了一會兒，莊周在夢中大悟，原來那得意的蝴蝶就是莊周做夢變成蝴蝶，還是蝴蝶做夢變成莊周呢？

莊周和蝴蝶在人為的「名分」上是有區別的。但是，到了夢中，莊周方才大

悟：原來莊周也可以是蝴蝶。

這叫做物化。物化就是自然的變化。

【Point】

◎用自然的變化來看萬物，萬物才得自在。人也才得自在。這便是「齊物」的道理。

◎能「齊物」才能「逍遙」。逍遙遊的「無待的逍遙」在南郭子綦的故事和莊周夢蝴蝶的故事中，最能獲得啟示。

◎姑射山的神人，能駕飛龍、乘雲氣。龍、雲也都是指自然的變化。（想想看：這和列子御風有什麼不同？）

◎蝴蝶夢是夢中的大覺悟，是生死的大覺悟。這夢和覺的打通，便是生死的要道。

◎許多譯蝴蝶夢的人，都把這故事割裂成夢、醒兩段，這是不對的。《莊子》原文是：

「昔者莊周夢為胡蝶，栩栩然胡蝶也。自喻適志與，不知周也。俄然覺，則蘧蘧然周也。不知周之夢為胡蝶與？胡蝶之夢為周與？周與胡蝶則必有分矣，此之謂物化。」

文中的「俄然覺」，是指在夢中的「覺」。莊子這種寫法，便是打破人為的「覺、夢」之分別。這便是「夢而不夢，覺而不覺。」

庖丁解牛

養生主第三

庖（ㄆㄠˊ）丁替文惠君解剖牛，他的手腳肩膝的動作和刀子出入筋骨縫隙的聲音，無不完美結合，像是古代桑林的妙舞。當庖丁解剖完了以後，牛不知道牠已經死了。

文惠君看了，大為歎服，說道：「真想不到你的技術已到這樣的化境。」

庖丁把刀子放下來以後，慢慢地說道：「我解剖牛所使用的不是技術而是道。」文惠君大為驚奇。

庖丁說：「我最初解剖牛的時候，眼中看見的就是一條牛。但三年之後，我解剖的牛多了，眼中看見的便不再是一條牛，而是牛身上的筋骨脈絡的結構。從此之後，我解剖牛便使用心神意會，而不用眼睛看了。」文惠君越聽越入迷。

庖丁又說道：「普通的廚子，一月要換一把刀，那是因為他又砍又割。好的廚

子，一年才換一把刀，那是因為他只割而不砍。我的刀用了十九年，還像剛從磨刀石上磨出來的一樣鋒利，那是因為我不割更不砍。我的刀鋒只在牛身上的筋骨縫隙遊來遊去，任意活動，所以我解剖牛的時候，牛完全沒有痛苦，它身上的骨肉掉下來，就好像泥土從牠身上掉下來一樣，最後牛便不知道牠已死掉了。這時，我就把刀子拭乾淨，好好收藏起來。」

文惠君說：「好極了！你的話提供了我，最好的養生道理。」

【Point】

◎莊子用牛身子的結構，比喻人世的錯綜複雜。不會操刀的人殺牛，硬砍硬割，就好像不懂道理的人，在世上橫衝直闖一樣。徒然地損耗形神。

◎庖丁解牛，遊刃有餘，便提示養生的自然妙理，必至目無全牛，然後天地萬物乃豁然開解，使你無入而不自得。

◎「牛不知其死也」，是很精采的一句話。但一般版本的《莊子》，都缺了這句話。本文是參考王叔岷的《莊子校釋》補上去的。

一隻腳的人

公文軒最初看見右師只有一隻腳，心中大為吃驚。後來他仔細地想了一想，終於明白了。於是他說道：「右師只有一隻腳，但只要是天生的，不是人把他砍掉的，那便也合乎自然啊！」

【Point】

◎看慣了人都有兩隻腳，突然看見一隻腳的人，便常誤會一隻腳的人是「人為的殘缺」。莊子卻提醒我們說：這是「先入為主」的觀念在作祟。

◎人天生下來如果都是一隻腳，那麼突然看見兩隻腳的人，便也會誤以為那是不自然。

◎其實，只要是天生的，一隻腳、兩隻腳，乃至像蜈蚣那樣多的腳，亦都是自然的。

◎養生不是叫你去保養哪一隻腳，或兩隻腳。

籠中的野雞

山林的野雞有時候求食雖然不容易，走十步才找到一條蟲，走一百步才找到一口水，但是牠仍不希望被關在籠子裡。因為，在籠子裡雖不愁吃喝，羽毛光亮，但精神上終不如野外自由。

自然的刑罰

【Point】

懂得養生的人，不會因為追求物慾的享受，而付出自由的代價。但在現實的社會裡，有幾個人「頭上便是青天」的呢！

老子死了。秦失（佚）來弔喪，哭了幾聲就走了。

老子的弟子問道：「你不是我老師的朋友嗎？怎麼隨便哭哭就跑了，一點也沒悲哀的樣子？」

老子的弟子感到很奇怪。秦失便解釋道：「老夫子該來的時候來，該走的時候走，完全順應自然的變化，喜怒哀樂都不能影響他的心，這叫做『帝之懸解』，就是自然的解脫。所以我不必為他悲傷。剛才我看到許多不是老夫子的親人，在放聲大哭，這叫做『遁天之刑』，就是違背自然的人所遭受的刑罰。這兩個道理，你們應該明白。」

秦失說：「我是老聃的朋友，我這樣哭哭就可以了。」

老子的弟子們聽了，便不再悲傷哭泣了。

薪盡火傳

【Point】

◎生死只是自然的變化，養生必須了生死，不被感情所打動。

◎秦失的哭，只是隨俗而已，心情並不悲傷，所以和別人的放聲痛哭不同。

◎秦失不悲傷，不是故意的不悲傷。

◎老子之死，只是形體的死亡，不是精神的死亡。秦失明白這道理，所以不會為他悲傷。

用油脂來做柴燒，油脂有燒完的時候，火卻永遠地傳下去，沒有窮盡。

【Point】

◎本篇寓言的原文是：「指窮於為薪，火傳也，不知其盡也。」

◎「指」是「旨」、「脂」的假借字，歷來都把「指」誤認為是手指，這是要修正的。

◎油脂是指形體，火是指精神。養生不是保養形體，而是「保真」——保養精神，使其不滅。

養生主

人的生命有限，知識卻是無窮。如果以有限的生命，去追求無窮的知識，那是非常危險的，知道危險而卻以為知識使你聰明，那就更危險了。

【Point】

◎知識是以了解養生的道理，也就是了解自然變化的道理為主。了解之後，便順應自然的變化，不要再追逐多餘的知識。否則便是迷路了。

◎莊子的意思不是「反知識」，而是要人「超越知識」。

◎人為的益壽延年，不是莊子養生的本意。

螳臂擋車

人間世第四

顏闔問蘧（ㄑㄩˊ）伯玉說：「有個人天性嗜殺，如果放縱了他，便會危害我的家國；如果去勸他向善，便會先危害到我自己。那人的脾氣很怪，通常只看到人家的過失，看不見自己的過失。請問這種人該拿他怎麼辦？」

蘧伯玉說：「對付這種人，第一要善巧和順，絕不能冒犯激怒他。他像嬰兒一樣，你便也裝做像嬰兒一樣。他顛三倒四，你也裝做顛三倒四一樣。先使他覺得你和他是同類，慢慢再設法把他引導過來。」

顏闔說：「為什麼要事先對他那麼和順？」

蘧伯玉說：「你沒有看過螳螂嗎？把它激怒了，它就舉起手臂去擋住車輪，自以為他的力氣很大。你要小心呀，假若誇大自己的才能而去觸犯他，那就和螳臂擋車一樣的危險啊！」

養虎的人

【Point】

◎勸人向善，雖是一片好意，但所用方法不當，常會招致危機。

◎用自己的長處去壓倒別人，是危險的事。

養老虎和牠相處，是一件危險的事。

懂得飼養老虎的人，都不敢拿整隻活的動物給牠吃。因為老虎在搏殺生物的時候，會引發怒氣。野性一發，往往不可收拾。

所以養老虎，要注意牠什麼時候餓？什麼時候不餓？什麼時候高興？什麼時候不高興？老虎和人不同類，但能把牠養得像貓兒一樣柔順，便是因為養虎的人先是順著牠的緣故。

【Point】

老虎有老虎的性情，如果能順著牠的性情，老虎便也不凶暴、不可怕了。

很多人喜歡馬，以為馬比老虎柔順，其實不懂養馬之道，還是很危險的。

從前有一個極喜愛馬的人，伺候他的馬無微不至。他用竹編的筐筐去接馬糞，用巨大的海蛤（ㄍㄜˊ）去裝馬尿。

有一天，有一隻巨大的吸血蒼蠅，正停在馬背上吸血。養馬的人一看，便悄悄走過去，出其不意用力拍去。馬受了驚嚇，便用後腳一踢，把養馬的人踢死了。

【Point】

這篇寓言很精采，值得三思。莊子這篇寓言的本意是：「意有所至，而愛有所亡（忘）」。意思是說：你喜歡一個人，那人卻不一定了解你的愛。

土地神的樹

匠石有一次要到齊國去。帶了幾個弟子跟在後面。當他走到山路上剛剛拐彎的地方，看見一個土地神的廟旁邊，長著一棵巨大無比的樹。

這棵樹的樹蔭，可以容納好幾千條的牛在樹下休息。它的樹幹巨大，直到半山以上才開始有分枝。這些分枝可以拿來做獨木舟那樣粗的，數以百計。

匠石的弟子和很多路人都聚在路邊，好奇地看著這棵巨大的怪樹。只有匠石看了一眼便掉頭不顧，繼續走他的山路。

匠石的弟子看飽了以後，便追上來問道：「師父，自從我們追隨你學工藝以來，從沒有見過這麼大的樹。師父怎麼不停下來看看，掉頭就走了呢？」

匠石說：「算了吧。那不過是一棵根本沒有用的樹（散木）。用來做船就會下沉。用來做棺材，很快就爛掉。用來做器具，又不夠堅固。用來做門框，又會有樹汁流出來。用來做柱子，又會長蛀蟲。總之根本就是一棵沒有用的樹，所以才會長得這麼高大。既然沒有用，我還看它做什麼？」

到了那天晚上，匠石忽然做了一個奇怪的夢。他夢見那棵大樹對他說：「你白天說我什麼？你說我是沒有用的散木，我說你才是沒有用的散人呢！你怎麼不想想看，我如果有用的話，不早就給你們砍掉了嗎？我哪裡能夠活到今天呢？你再看看那些橘柚之類的樹，果子成熟的時候，常被人家拉拉扯扯，備受侮辱。松柏之類的樹，甚至經常被人砍掉，性命不保。世俗的人，不也都是這樣咎由自取的嗎？」

匠石聽了大為高興，便對大樹道歉說：「真是對不起，原來你是一棵具有大智慧的樹。」

那棵大樹又說：「為了把我自己變成沒有用的樹，我不知道傷過多少腦筋。有好幾次，就因為我是沒用的樹，也幾乎被人家砍死。所以，最後我才找到這個地方。」

第二天，匠石便把昨晚的夢告訴弟子們說：「你們要注意呀！沒有用的用處，才是最大的用處哩！」

弟子們點點頭，然後又問說：「那棵樹既然把自己變成沒用的樹，那又何必一定要長在土地廟的旁邊，引人注意呢？」

匠石道：「說話小聲點，不要又被那樹聽見了。你們何不想想看，那棵沒用的樹，可以任意長在大路中央嗎？它長在土地廟旁邊，人家以為它是土地廟的樹，就是要砍來當柴燒，也不敢來砍它了。」

【Point】

◎有用和無用是相對的。任何情況下都「有用」，固然危險。任何情況下都「無用」，也是危險的。

◎「無用之用」是指一種變通。比如說沒有用的樹，木匠固然不會砍他來用，但它如果剛好長在大路中央，還是有被推土機推掉的危險。反過來說，一棵有用的樹，如果長在深山，人跡不到，那麼他還是可以保全的。

河神的祭物

◎「甲的補藥是乙的藥」，好好想想這句話。

宋國荊氏的地方，適合種植楸樹、柏樹、桑樹。這三種樹長到一握粗的，就被砍去做養猴子的木樁。更粗壯的，便砍去做高大的房子。最粗的，就被富貴人家砍去做棺材了。所以這些樹，都不能享盡自然所賦予的年壽，紛紛在中年就夭折了。

古代祭祀河神的時候，凡是白額頭的牛、高鼻子的豬，和有痔瘡的人，巫祝都不會把他投到河中祭祀河神。因為這些都被看做「不材」。

因此，有智慧、通變化的人，便常以「不材」、「不祥」的姿態出現，以免世上的禍害。

【Point】

《史記》西門豹治鄴的故事，說鄴地風俗是以美女來祭河神的。女子因為長得美，便做了河神的「犧牲」。那麼「美」究竟是「祥」？還是「不祥」？智者必能分別，不會

不可想像的怪人

白白做了「犧牲」。

有一個怪人，頭彎到肚臍下面，兩個肩膀高過頭頂，髮髻朝天，五臟不正，腰夾在兩股（大腿）中間。他的名字叫做支離疏。

支離疏替別人縫洗衣服，就可以養活自己。替人卜卦算命，可以養活十幾個人。

在亂世的時候，官吏到處拉人去當兵，支離疏大搖大擺地在路上走，沒有人會要他。有時候，政府救濟貧民，支離疏列入甲級貧戶，可以領到不少的柴米。

像支離疏這種殘廢駝背的怪人，在亂世都能保全性命，何況那些有智慧的人呢？

【Point】

有智慧的人，不計較形貌的殘缺和醜陋。殘缺和醜陋也能免除許多的禍害。

楚狂人接輿

孔子周遊天下，來到楚國。楚國的狂人接輿，見孔子到處碰壁，自身難保還在推行他的道德理想，便高聲諷刺道：

鳳呀！鳳呀！你怎麼這般落拓！

天下有道，智者便出來化成天下。

天下無道，智者只能保全性命要緊。

算了吧！算了吧！這樣的時代。

不要再用你的光明去顯出人家的黑暗了。

荊刺啊荊刺，不要傷了我的腳。

我已經在拐彎走了。

【Point】

有智慧的人，出處進退，要看時機才好。

油把自己燒乾了

樹被拿來做斧頭的柄，反過來砍伐它自己。

油脂被用來點火，結果把自己燒光了。

桂樹可以吃，被人砍下來吃掉。

漆樹可以防腐，被人用刀子割了。

世人都只知道「有用的用處」，卻很少人知道「沒有用的用處」。

【Point】

商鞅、吳起、蘇秦、張儀都很聰明，但都不得好死。「聰明」有時候成為殺死自己的工具。

顏回心齋

衛國的國君很壞，做了許多傷天害理的事。

顏回向孔子請求，說：「請讓我前去感化他吧！」

孔子說：「可以是可以，但是你存心去感化他，只怕反而很難感化他了。」顏回以為孔子不相信他的德行，有點不服氣。

孔子卻又說道：「你先回去齋戒幾天再說吧！」

飲冰的人

顏回說：「我窮得要死，從來就不喝酒、不吃葷，何必再回去齋戒？」

孔子說：「那只是祭祀的齋戒，不是心理的齋戒。」

顏回說：「請問什麼叫心理的齋戒？」

孔子說：「先去忘了你的心智機巧，使你的心一片空明，這樣才能感應一切。

如果能做到這樣，鬼神都能感應，何況是人呢？」

【Point】

顏回雖然道德很高，但是「自我」的意識太強，容易與人對立。「心齋」就是化去、除去自我，不為功、不為名、不為己，這樣才能真正感化人。

———

葉公子高將出使齊國。

他問孔子說：「我這次所負的使命很重，使我心裡急得要命。我一直在想：事情如果不成，就會得罪國君；事情如果成了，我也會受內傷。結果成與不成，我都會受傷害，請問這要怎麼辦？」

孔子說：「你現在感覺怎樣？」

子高說：「我憂心如焚，一直想去吃冰解熱。」

孔子說：「你放下心來，聽我說吧。天下有兩個大法，不能逃避。一個叫做命，一個叫做義。」

「子女和父母的關係，叫做命。這個自然的結，是解不開的。臣子和君王的關係，叫做義，這個人為的結，是天地間避不開的。」

「所以，遇到命和義這二個大法，只有忘去自我的利害得失，按照實情去做，便可以了。」

【Point】

◎辦任何事，以自我的利害得失為重，內心便受蒙蔽。參見〈顏回心齋〉條。

◎梁任公的《飲冰室文集》，典故出於此處。

德充符第五

跛腳駝背的怪人

有一個跛腳、駝背、缺唇的怪人，和衛靈公交遊，靈公不久就很喜歡他。後來，靈公看了那些形體完好的人，反而覺得他們的脖子太細長了。

又有一個脖子上長著大瘤的人，和齊桓公交遊，桓公很喜歡他，後來他看到那些形體完好的人，也覺得他們的脖子太小了。

【Point】

◎跛腳和巨瘤怪人，因為道德充實，使人感化，所以便忘了他的形貌醜惡。常人重外貌而忽道德，莊子說：這叫做「不忘其所忘，而忘其所不忘」。意思是說：人們都忘不了應該忘掉的形體，反而忘掉了不該忘掉的道德。這是大迷惑了。

◎莊子的「道德」和儒家的「道德」不一樣，請注意。莊子的道德是以自然為本位，儒家的道德是以人為本位。

人是無情的嗎？

惠施問莊子：「人是無情的嗎？」

莊子說：「是的。」

惠子說：「人是無情的，這是什麼意思？人如果無情，還算是個人嗎？」

莊子說：「我所謂的無情，不是說人沒有感情。我是要世人不要用自己私人的好惡之情去養生，那是不合自然之情的。」

【Point】

自然之情，無愛、無不愛，所以能普及。能普及，就能長久了。

人為的感情，有所愛，便有所不愛。這種愛、這種情，不能普及。所以這種情是會傷己傷人的。

小豬不吃奶

———

有一群小豬，本來正在吃母豬的奶。忽然之間，母豬兩眼**翻**白死了，小豬便紛紛跑開，不再去吃奶了。

沒有腳趾頭的廢人

──

【Point】

母豬活著和死時，形體的外表並無什麼不同，只是眼神完全不一樣了。小豬愛他的母親，是以精神上引為同類，而不是以形體引為同類的。

魯國有一個被砍去腳趾頭的人，名叫叔山無趾。

有一天，他用腳跟走路來見孔子。孔子說：「你從前既然這樣不自愛，被官府砍掉了腳趾頭。今天就算你來見我，也已經太晚了。」

叔山說道：「我的腳趾雖然不見了，但我身上還有比腳趾頭更寶貴的東西在呀！我來見你，就是想保全那些更寶貴的東西，而不是想補救我的腳趾頭啊！」

孔子一聽，立刻道歉說：「真是對不起，我剛才太魯莽了。請你進門來指導指導我的門徒吧！」

無趾的叔山，不再說話，逕自走了。

孔子的知名度

叔山無趾是有德之人，所以孔子對他再也不敢怠慢。那麼形體的殘缺，當然也就不能決定那人是為廢人了。

———

叔山無趾去見老聃。

叔山說：「孔丘那樣的人，恐怕不能算是至人吧！他教的學生那麼多，名氣那麼大。難道他不知道至人是把知名度當做枷鎖嗎？」

老子說：「是呀！那你去幫他把枷鎖解掉吧！」

叔山說：「他一心想救世。這大概是上天要刑罰他的吧。既是上天要罰他，我又怎樣去幫他解脫呢？」

◎孔子並不是不知道，世俗給他的名望是一種累贅。但是他沒有辦法不把「名望」背在肩上，除非他放棄救世。這點莊周很了解他。因此莊子並非諷刺孔子是個虛偽好名之徒，我們不可誤會。

申徒嘉責子產

◎莊子也在救世，但他的方法和孔子不同。莊子在當時是寂寂無聞的。

申徒嘉是個受過刑罰，被斬去腳趾的人。他和鄭國的宰相子產，一同師事伯昏無人。

有一天，子產對申徒嘉說：「我是宰相，你是刑餘之人。你不可以和我一同出入，也不可以和我共坐在一塊席子上。」

申徒嘉說：「我本來以為你是道德很高的人，所以才和你同出入，同坐在一塊席上，想不到你居然說這種話！」

子產道：「你這個殘廢的人，不先反省自己的過失，竟來責備我，難道你還想和堯舜爭善不成！」說完便走了。

第二天，申徒嘉對人說道：「一個人肯承認自己過失的，太少了。我從前誤入刑網，到處受人取笑，所以才來拜在我師父門下。十九年來，我完全忘了自己是個殘廢的人。我與子產原以道德為友，想不到他仍然斤斤計較於我的形體。」

子產知道以後，大為慚愧，便向申徒嘉道歉說：「我錯了，請不要再向別人這

樣說吧！」

【Point】

◎一個人一生中，不可能沒有過失。申徒嘉既然改過向善，子產便不應該以世俗的名位，去侮辱一個改過修道的人。何況，形體也不過是精神的旅舍而已，住久了，它也是會壞的。

◎這是莊子編的故事，不要誤以為歷史上的子產便是這樣的人。

相忘於江湖

大宗師第六

江湖的泉源乾枯了，魚兒都困處在地面上，很親切的用口沫互相滋潤著。這倒不如江湖水滿的時候，大家悠游自在，不相照顧來得好。

【Point】

◎人間世上的「仁愛」，就像魚兒用口沫相滋潤一樣。所以退一步想，當人需要用「仁愛」來互相救助的時候，這世界便已不好了。

◎大自然的愛，是無量的愛，就像江湖中的水一樣。

◎人如果要師法自然的話，就必須了解人為的「博愛」，畢竟是有限的。

◎所以，人應該相忘於自然，如同魚兒相忘於江湖。

◎本篇寓言，文字精采優美，錄之如下：

泉涸，魚相與處於陸，相呴（ㄒㄩ）以濕，相濡以沫，不如相忘於江湖。

自然是大力士

自然像個大力士，他有無窮的力量在運轉。

大自然賦給我形體，用生活來使我勞動，用歲月來使我年老安逸，用死亡來使我永遠休息。

所以，如果我們以「獲得生命的形體」（生）來自得的話，就必須以失去生命的形體（死）也能自得才好。

自然是變化不停的，凡是悅生而惡死的人，便是不通自然之理的緣故。這種人就好像是他把船藏在山裡，把車藏在島上，自以為非常穩固。半夜裡來了一個巨人，把整座山都背走了。那個人還在夢中，以為自己藏的船仍在原地哩！

把生死交付自然，把天下藏在天下。這便是師法自然的大宗師。

【Point】

◎自然是變化的，人必須順應自然。這樣才能不喜不懼，生死如一。

◎人應該了解自然的變化，納入變化之流才好。如果想以人力來對抗自然，那就好像用力想把自己舉起來一樣，那是白花氣力的事。

四個知己

子祀、子輿、子犁和子來四人，有一次在一起說道：「誰能把虛無當做頭，把生當做脊椎，把死當做脊椎的尾骨？誰知道生、死、存、亡是同為一體？如果有這樣的人，那我就和他做朋友。」四人說完便相視嘻嘻笑，一付臭味相投的樣子。

過了幾天，子輿忽然得一種「拘攣」的怪病，身體彎曲像是駝背的人。子祀前去探看他的病，一見面就說：「真是偉大呀！造化把你弄成這副樣子！」

子輿心裡也毫不在乎，他走到井邊照自己的影子，也說道：「真是偉大呀！造化把我弄成這副樣子。」

子祀問子輿說：「這副樣子，你心中討厭嗎？」

子輿說：「我哪裡會呢？假如造化把我左膀子變成雞，我就叫牠替我報曉；假如造化把我的右膀子變成彈丸，我就用它打鳥，烤了吃。假如把我的脊椎尾骨變成車輪，把我的精神變做馬，那我就乘坐著它走路，再不用其他的馬車了。」

過了不久，子來也生病了。呼吸很急促，眼看就快死了。他的妻子抱著他哭泣。子犁前往問候，對子來的妻子說道：「走開點，不要驚動他的變化。」說罷，靠著門對子來說道：「偉大的造化，又要把你變做什麼呢？要把你變做老鼠的肝呢？還是蟲子的翅膀呢？」

子來說：「人都是自然所生的啊！所以，自然叫我們到哪裡，我們就只好到哪裡。大自然賦給我形體，活著的時候，要我勤勞；年老的時候，要我安逸；死的時候，要我休息。所以，如果我認為生是好的，那死也是好的啊！譬如鐵匠在打鐵的時候，他要把鐵打成什麼，便是什麼。如果鐵不肯順從，自己跳起來說：『我要變成寶劍，我要變成寶劍！』那麼鐵匠就會認為這塊鐵是不祥的了。現在我從造化得到人形，如果我就堅持對造化說：『我永遠要是個人形，我永遠要是個人形，我永遠要是個人形！』那麼造化必然認為我是不祥的了。所以，天地是一個大爐子，造化是個打鐵匠，我死之後，變成什麼不可以呢？我是在夢中得到了大覺悟哩！」

【Point】

這篇順應自然變化，無我無心的故事，是典型的「自然主義」。我們應該注意的是：順應自然的變化，是指「超越人為智慧」的一種醒覺狀態中來順應，而不是像臨死前的昏迷無知那樣的順應。所以本篇是提示：你的心，不要被疾病所拖累，不要被疾病所昏迷。如果被拖累、被昏迷，那你就會忘了自然的變化，落入私人的好惡了。

方內和方外

子桑戶、孟子反、子琴張三人結交為友，有一天他們在說道：「誰能相愛而忘了相愛？誰能相助而忘了相助？像自然互相關連，卻出於無心那樣。最後忘了死生，同遊於無窮的宇宙天邊。」三人相對微笑不已。

過了不久，子桑戶死了，剛要下葬。孔子便派子貢去問候。只見孟子反和子琴張一個在編養蠶的蠶具，一個在彈琴。然後又見他們二人唱和，說什麼：「子桑戶呀子桑戶，你已返樸歸真，我們卻還是人形哩！」

子貢問說：「你們在對著屍體唱歌，請問這合禮嗎？」二人便相視而笑，反問說：「你知道什麼叫做禮嗎？」

子貢回去以後，問孔子說：「他們是些什麼人呢？怎麼完全不受禮教的規定，對著死去的朋友唱歌，既不悲哀，也不慚愧哩！」

孔子說：「他們是一些方外的人，我們是方內的人。他們超越世俗，我們在世俗裡面。他們和造化做朋友，我們是和人做朋友。所以他們接受自然的變化，對死去的朋友不會悲哀。我們受人倫禮教的束縛，像受罪的人一樣，所以要被他們嘲笑了。」

人相忘於道術

◎方外和方內是兩個不同的次元。「方外」的次元是以大自然為本位，「方內」的次元是以人為本位來思考的。

◎孔子不是不懂方外，只是對廣大的人群有所不忍。所以他一輩子提倡禮教，為了維護社會的秩序而奔波。

子貢問孔子說：「夫子為什麼要遊於方內，接受禮教的束縛，像受刑的犯人一樣。何不也在方外一遊呢？」

孔子說：「要暫遊方外也可以呀！」

子貢說：「請問有什麼方法呢？」

孔子說：「魚的生活，要得水才舒適。人的生活，要得道才舒適。得道才舒適的，只要池塘的水滿了，就可以了。得道的，只要得了自然的道，安定性情，也就可以了。所以說：魚在江湖，只要水滿了，魚便自由自在，忘記自己在水裡。人在自然，只要得了道，快樂自足，便忘了道的存在。」

君子和小人

【Point】

人心裝滿了各種知識，就被各種知識隔成一間間的小房子那樣，那就不自在了。所以要打通知識，要依賴而不依賴知識（即超越知識）「心」的靈活最要緊，像鏡子那樣，萬象來者不迎，去者不送自然映照就是了。能夠這樣，方內、方外也就沒有什麼間隔差別了。

——

孔子說：「人之君子，天之小人。」

在社會上遵守禮教的人，被稱為君子。但是他們遵守禮教，他的心性，往往也被禮教束縛住了。所以，這在自然的無拘無束、自由自在地觀照之下，反而是個「小人」了。

【Point】

這句話：「人之君子，天之小人」的啟示，很要緊。這說明人為的標準所分劃的「君子」、「小人」，只是自然的泡沫而已。以泡沫為泡沫，認為泡沫一成不變，猶如以人定的「君子」為「君子」，一成不變，那是自迷心性了。

孟孫才哭泣不動心

顏回問孔子說：「從前我聽老師說，辦理喪事，心中要真正悲哀，才算合禮。但是孟孫才辦理喪事，只是表面哭了一哭，心中一點也不悲哀。他在魯國，卻以善處喪事而聞名。請問這是什麼道理？」

孔子說：「孟孫氏可以說是明白大道的人了。他的做法，比起世俗處喪禮的人確實要高明。世人都以自己的私情好惡，損害自然的真樸。像死亡，雖是形體上駭人的巨變，但孟孫氏心中很清楚，那只是人的精神搬了一個新的住宅一般。所以他辦喪事，人哭亦哭，隨順世俗而已，不以此累及真我。能這樣順應變化，便達到了清虛純一的境界。」

【Point】

從自然變化的觀點，把死亡看做巨大的悲哀，是錯誤的。孟孫才破除執迷，把人的形體當做一種「偶然的變化成形，偶然的變化消失」，所以他不會悲哀。世俗之人卻執迷不悟，為它哭泣、為它喜悅，自以為明理，實則是在大夢中而已。

自然的生滅

意而子問許由說：「先生在山林好嗎？」

許由說：「你來這裡做什麼？你不是和堯在一起嗎？這許多年，堯教給你什麼呢？」

意而子說：「堯教我要力行仁義，要明辨是非呀！」

許由說：「那麼堯已經在你的臉上刺字，用仁義傷害了你的臉，用是非割了你的鼻子，難道你不自覺嗎？這樣你還想來到自然的路上自在逍遙嗎？」

意而子說：「先生指導我吧！讓我遊在大道的邊境上好嗎？」

許由說：「眼睛壞了，怎麼看得見顏色呢？」

意而子說：「無莊得了大道，忘了自己的美貌。據梁得了大道，忘了自己是力士。黃帝得了大道，忘了自己的智慧，這些都是錘鍊的功夫罷了！誰知道造化不是用刺傷我的臉、割去我的鼻子，來使我休息補過的呢？」

許由說：「啊！自然，你這大宗師啊！秋霜凋殘萬物，不是有心制裁！春雨生養萬物，不是為了仁慈。你雕刻萬物種種的形狀，不是有心顯示你的機巧。意而子，你想在自然的大道上散步，就這樣子隨我來吧！」

【Point】

自然的變化，純是無心的作為，老子稱做「無為」。春雨秋霜，不是有心為生滅。自然

顏回坐忘

的生生滅滅，實則不生不滅、不增不減。

———

顏回說：「我有進步了。」

孔子說：「什麼進步？」

顏回說：「我忘去禮樂了。」

孔子說：「很好，但是還不夠！」

過了幾天，顏回又見孔子，說：「我又進步了！」

孔子說：「什麼進步？」

顏回說：「我忘掉仁義了！」

孔子說：「很好，但是還不夠！」

過了幾天，顏回又來見孔子，說：「我又進步了！」

孔子說：「怎麼進步法？」

顏回說：「我坐忘——當下忘我了。」

孔子吃驚的說道：「什麼叫坐忘呢？」

子桑唱貧窮之歌

顏回說：「不用耳目的聰明。忘去形體、忘去心智，使心中空明。萬象生滅，任他去來，這叫坐忘。」

孔子說：「很好，讓我也來向你學習吧！」

【Point】

修大自然之道，第一步是忘禮樂，第二步是忘仁義，第三步是忘自我。「萬象生滅，任他去來」，這話很要緊。

子輿、子桑是好朋友。

有一次，天上接連下了幾十天的雨，子輿知道子桑貧窮，大雨縣縣（ㄇㄧㄢ），他一定沒地方去謀食，於是帶了飯包去看子桑。

剛到子桑門口，就聽見子桑像在唱歌，又像在哭泣。只聽他唱說：「父親嗎？母親嗎？天啊！人啊！」

子輿聽他的聲音都變了。聲音微弱而急促。子輿走了進去，問道：「今天怎麼

不如讀莊子　72

啦？」

子桑道：「我病了。這幾天，我一直在想：究竟是誰使我這般窮困？是父母嗎？是天地嗎？我想不出來。父母對我沒有私心，天地對我更沒有私心，那麼我的貧困，必然是命吧！」

【Point】

人所無法選擇的遭遇，叫做命。譬如：你生下來是個王子，還是乞丐？你生下來是一隻腳，還是兩隻腳？這是人力無法決定的。明白了這道理，修道的人，就必須安命。以道為友。

沒有累贅的帝王

應帝王第七

齧缺問王倪，問了四次，王倪每次都說：「我怎麼知道呢？」齧缺領悟到「不知道」的妙處以後，高興得跳起來，去告訴了蒲衣子。

蒲衣子說：「你現在才知道『不知道』的妙處嗎？這就是虞舜不及伏羲氏的道理。」

虞舜胸中藏著仁義，使人民歸化，但他卻不能超越仁義之外，而心中被外物所累。

伏羲氏睡覺的時候很寬舒，醒來的時候很自足。他的智慧天真而不做作；他的德性，自然而不虛偽。他為人家做事，就像一匹馬、一頭牛一樣，渾同自然，所以沒有累贅。

海中鑿河

◎從「無知」到「有知」，是從「沒有人為的標準」到「有人為的標準」。那麼，從「混沌」到「仁義」也是一樣的道理。

◎本篇只是一個比喻。莊子所要到達的「無知」是超越知識的「無知」，不是愚蠢茫昧的「無知」。莊子所要求的「混沌」也是同樣之理。所以莊子不是「反智論」。

◎不要從歷史的事實上去認定：「伏羲氏高於虞舜」，這樣容易誤會。

───

肩吾去見狂接輿。狂接輿問說：「日中始對你說了些什麼？」

肩吾說：「他告訴我，『人君要用自己制定的法度儀軌，去治理天下，人民才會歸順感化。』」

狂接輿說：「那是假理而不是真理。那樣治天下，就像在海中鑿河，或是叫蚊子背山一樣，是不會成功的。」

【Point】

◎人為的法理只是「暫時的」使用，或過渡階段的使用。如果要達到太平的理想，必須

什麼叫做明王？

使用自然的法理，才是大道。

◎但是，在一個社會的水準還不夠高的時候，欲使用「自然的法理」去治理也是行不通的。

陽子居去見老子。問說：「如有一個人敏捷有力，疏通明達，學道不倦，這人可以和明王相近嗎？」

老子說：「這種人就和衙役有了才能便供人使喚，有了技藝便技藝牽累一樣。徒然勞動自己的形體，攪亂自己的精神而已，離開明王是越來越遠了。」

老子又說：「虎豹因為身上有紋彩，被人捉去。猿猴也因為身子矯捷，被人獵捕。你說他們是真正有智慧嗎？」

陽子居聽了，臉上變色，說道：「那請問明王究竟是怎樣？」

老子說：「明王治天下，不自以為有功；澤及萬物，百姓不覺。這樣神化莫測，才能算是明王。」

神巫不敢再相命

陽子居就是楊朱。本篇說明：任用人的智慧和力氣，自以為能，那是很渺小的，絕對做不了一個真正的明王。

鄭國有個極靈驗的巫，名叫季咸。他替人算命，推出人的禍福存亡，日期準確，效應如神。因此，鄭國人看到他就跑，惟恐他說出不吉祥的話來。

列子聽說季咸相命這樣準確，心中大為佩服，便回去對他的老師壺子說：「本來我以為老師的道術是最高的，現在我才知道還有更高的人哩！」

壺子說：「你的道行還淺的很，居然就下山想和人家對抗。你一定有心爭勝，露了形跡，所以人家就乘隙把你窺測了。不信的話，你叫他來替我相面。」

第二天，列子帶了季咸來，替壺子相面。季咸看了以後，出來對列子說：「奇怪了！你的老師就要死了，活不成了。不到十天必死無疑。我剛才看到的是一團死灰。」

列子聽了，哭得很傷心，進去告訴了壺子。

壺子說：「不要哭了。剛才我是故意閉塞了生機，顯出陰冷的土相讓他看看。所以他認為我快要死了。明天你叫他再來看相。」

第二天季咸又來看相，看了以後，出去對列子說：「這下好了。幸虧你的老師碰到我，有救了。我看出他的生機有了變化。」

列子進去告訴了壺子。

壺子說：「剛才我從腳後跟發出一股生機，使他感受到自然的和氣，因此他認為我有了一線生機。明天再叫他來看相。」

第三天季咸又來看相。季咸看了，出去對列子說：「今天他的氣色，陰晴不定。不像前天的陰冷，又不像昨天的暖和，我便不能判定了。等他氣色穩定了，我再來替他相相看吧。」

列子又進去告訴了壺子。

壺子說：「剛才我顯示給他的相叫做『太沖莫朕』，就是我發動氣機，冷暖變成渾然一氣，所以無跡可循。這就像深淵所出現水面的迴旋紋有九種，我只是拿出三種迴旋紋給他看看而已，但他已經看不出苗頭了。明天再叫他來看看。」

第四天，季咸又來看相。剛一進門，腳跟還沒有站好，他掉頭便跑。壺子說：

「別讓他跑了，把他追回來。」於是，列子拔腳便追，追了一陣子，季咸卻一溜煙似地，跑得無影無蹤了。

列子回來對壺子說：「剛才我給他看的是一片空白的境界。不知道是誰使我動，不知道是誰使我靜，就像行雲流水，變化無方，所以他一看，便嚇跑了。」

壺子說：「他跑得比什麼都快，一下子就不見了，我追不到。」

於是列子才知道壺子的道行，深妙不可測。然後列子回到家裡，替太太燒飯，親自餵豬，三年都不出門。

【Point】

◎道行高的人，變化無方。自以為有神通的巫，終於知道自己的渺小了。世俗以季咸為神巫，那是離大道更遠了。

◎世俗常崇拜神道，其實神道只是大道之末。「神巫」碰到壺子，一點也「不神」，弄得落荒而逃，可見「神巫」的方術，不過是大道之末，大道之花而已。

渾沌死了

南海的帝王叫做儵（ㄕㄨˊ）。北海的帝王叫做忽。中央的帝王叫做渾沌（混沌，也做混沌）。

儵和忽常常跑到渾沌住的地方去玩，渾沌對他們很和善。於是儵和忽為了報答渾沌的恩惠，有一天他們便商量說：「人都有七竅，用來看、聽、飲食和呼吸。渾沌卻一個竅也沒有，真是可憐。讓我們替他開七個竅吧！」

儵和忽每天替渾沌開一個竅。七天以後，渾沌就死了。

【Point】

◎渾沌之為渾沌，就是沒有七竅。有了七竅，就不叫渾沌了。

◎本篇比喻人為的智巧、機巧，會損害自然的本性。所以人的智慧必須和自然合而為一，才是真智慧。科學家的實驗，不能違背自然，便也顯示這個道理。佛家不稱「智慧」而稱做「般若」（ㄅㄛ ㄖㄜˇ），也是這個道理。般若即「妙智慧」，把智慧加一「妙」字，以示其智慧不同於人為的智慧。

第六隻手指

駢拇第八

有的人天生下來就有六隻腳趾，有的人天生下來就有六隻手指。

有六隻腳趾，或有六隻手指，只要是天生的，便是自然的。

但是，如果有人想要六隻腳趾，或六隻手指，那便是過多的要求了。

【Point】

自然所生下來的「第六隻手指」，無所謂多，也無所謂少。但有心去要求「第六隻手指」，便是貪多。貪多便不合自然了。

大道的歧路

人的眼睛，能看見種種的顏色。離朱卻去創造種種的文采，擾亂了眼睛的視覺。

人的耳朵，能聽見種種自然的聲音，師曠卻用金石絲竹種種的樂器，創造各種的聲音，擾亂了耳朵的聽覺。

人的五臟，能產生種種的感情，曾參、史鰌卻去提倡仁義，刺激五臟，產生更多的感情，擾亂自然。

人的嘴巴，能發種種的聲音，楊朱、墨翟卻喜歡辯論，發出種種的聲音，擾亂大道。

【Point】

人為的文采、樂聲、仁義、辯論，對大道來說，是多餘的，就像第六隻手指。所以，不要以為你的眼睛能分辨更多的文采、你的耳朵能分辨更多的聲音、你的內心能產生更多的仁義、你的嘴巴能駁倒更多的人，便認為是「高明」。真正的高明是要超越這種境界才好。

鴨腳太短嗎？

自然的長，不算太長。自然的短，不算太短。

鴨子的腳，雖然很短，你不能去把它接長。接長了，牠就難過了。

鶴的腳，雖然很長，你不能把它切短。切短了，牠就悲哀了。

因為：鴨子腳短而脖子長，鶴則腳長而脖子短，相互為用。

【Point】

所謂長，所謂短，不要用人為的標準去分割它。你多注意自然的功用，那麼：長的不是長，短的也不是短了。鴨、鶴的比喻，一目了然。仁義傷五臟，其理類推可知。

牧羊人走了羊

——

臧（ㄗㄤ）和穀二人去牧羊，二人都丟了羊。

有人問臧說：「你為什麼會丟了羊？」

臧說：「我在草地上看書，羊就走失了。」

有人問穀說：「你為什麼會丟了羊？」

穀說：「我在草地上和人賭博，羊就走失了。」

伯夷和盜跖

不管使用什麼理由，不管假借什麼名號，違背自然的法理，傷害性命，都是大迷惑。

臧和穀二人，所做的事不同，但是丟掉羊是一樣的。在世俗上，小人為了利而丟掉性命；讀書人為了名而丟掉性命；大夫為了保全他的家族而丟掉性命；聖人為了保全天下而丟掉性命。他們的事業不同，名稱各異，但追究起來，傷害性命卻是一樣的。

伯夷為了清廉，死在首陽山。盜跖（ㄓˊ）為了貪利，死在東陵山。二人死的原因不同，傷身傷性是一樣的。

世人用什麼標準來說伯夷對，盜跖不對呢？如果從傷身損性來看，伯夷就是盜跖，君子就是小人了。

所以，自然的大法，不可違逆，這是最要緊的。為了適從仁義而違背自然，雖有曾參、史鰌的修養，我也不敢稱之為善。為了分辨五音，而違背自然，雖有

師曠的修養，我也不敢稱之為聰。為了適從色彩的分辨，而違背自然，雖有離朱的修養，我也不敢稱之為明。

【Point】

能聽見自然的聲音，叫做聰；能看見自然的色彩，叫做明；順著自然的性情，自足快樂，不假仁義，叫做善。

伯樂的罪過

馬蹄第九

馬蹄可以踐踏霜雪，馬毛可以抵禦風寒。牠吃草飲水，舉起腳就能跳得很高。這就是自然賦給馬的本性。如果你給牠築個高台或華屋，對牠是沒什麼用的。

但是，自從有了伯樂以後，伯樂說：「我最善於訓練馬。」於是挑選了一些所謂的良馬，用燒紅的鐵來整治馬蹄，在馬的身上烙上鐵印，用剪刀修理馬的毛。這樣一來，馬已死掉十之二三了。然後為了訓練馬的耐力，用飢、渴來磨練牠。為了調整馬的速度，便時快時慢來控制牠，有時以用轡（夂ㄟˋ）頭來拉扯，有時以鞭子來催促。馬受了這些折磨以後，又關在馬槽裡，失去了自由，馬就死去一大半了。

【Point】

◎從自然主義的觀點看來，伯樂整治馬，便是一種人為的罪過。

◎莊子的自然主義，是要把人從「無知」，帶到「有知」，再帶到「超越知」的第三層境界。伯樂治馬，在莊子看來，便是「聖人治人」那樣，只是到達第二層境界而已。所以莊子笑伯樂，也笑儒家的聖人。

胠篋第十

防盜術

世俗之人，為了防備小偷，把珠寶鎖在箱子裡，把金塊密密地縫在袋子裡，自以為是最聰明的防盜術。

有個夜晚，來了一個大盜，把珠寶箱和錢袋背了就跑。一路上，那個大盜還惟恐那箱子鎖得不牢，袋子縫得不密哩！

這樣看來，世俗所謂的防盜術，究竟是聰明？還是愚蠢呢？

【Point】

◎本篇篇名「胠篋」（ㄑㄩ　ㄑㄧㄝˋ）是開箱子的意思。

◎世俗的小聰明，往往引來禍害而不自知。

田成子盜齊國

齊國四境有二千多里，它建立宗廟社稷和治理鄉村的法制，全都是師法聖人的遺規。

有一天，田成子盜了齊國的王位，也盜了聖人的法制來保護他的王位。結果齊國人都知道田成子是大盜，別國的人也知道田成子是大盜，但沒有人敢殺他。

田成子利用聖人的法制，使他世世代代佔有齊國，一共傳了十二代。

這樣看來，世俗所謂聖人的法制，是不是剛好也替大盜當保鑣呢？

【Point】

◎藥能殺人，也能救人。聰明能保護自己，也能害自己。法制被善人利用，就保護好人，法制被壞人利用，就保護壞人。莊子是提醒我們不要觀察得太淺。不要以為：聰明一定是好的，聖人一定是對的。

盜亦有道

盜跖是古代的大盜。

有一天，盜跖的手下問他說：「盜也有道嗎？」

盜跖說：「怎麼沒有？做大盜的人，能預先猜出房子裡的財物在哪裡，叫做聖。偷東西的時候，一馬當先，叫做勇。偷完以後，最後才出來，叫做義。判斷情況能不能下手，叫做智。把偷來的東西分得很公平，叫做仁。如果不能具備這五種道德，而想成為一個大盜，天下是沒有的。」

這樣看來，善人得不到聖人之道，便不能成其為善人。壞人得不到聖人之道，也不能成其為壞人。但天下畢竟善人少而壞人多，那麼聖人對於天下也就害多利少了。

【Point】

◎莊子生活在亂世，強凌弱、眾暴寡，他看得太多了。所以才會感嘆那時世上壞人多，善人少。

◎莊子假借盜跖的話，提醒世人：道德往往也會被壞人拿去做護身符。壞人如果不假借聖人的道德，可能還成不了大壞蛋——大盜。

◎老子說：「聖人不死，大盜不止」，便是這個意思。想修大智慧的人，不可不知，不可不辨。

趙國的美酒

有一次，楚王大會天下諸侯，魯國和趙國都獻上酒。

魯國的酒味淡薄，趙國的酒味特別香醇，於是楚管酒的酒吏就向趙國要酒，趙國不給。

楚國的酒吏生氣了，就暗中動了手腳，把魯國和趙國獻上的酒對調。

楚王回去以後，認為趙王故意獻上劣酒，就出兵圍住了趙的都城邯鄲。

【Point】

美酒可以討好人，也可能惹禍。趙國的美酒，引起楚國酒吏的垂涎，這就叫「漫藏誨盜」。

諸侯大盜

河水乾了，溪谷就空虛了；丘陵倒了，深淵就填平了；聖人死了，大盜就沒有了。這樣天下也就太平了。

但是，世俗總是崇拜聖人，想藉聖人的力量來平治天下，結果卻給盜跖提供了最大的買賣。

世人製造多少的斗斛，大盜卻連斗斛都偷了。世人製造了多少的秤子，大盜卻連秤子都偷了。

世人製造多少的印章來做信用，大盜卻連印章都偷了。聖人製造多少的仁義來矯正罪惡，大盜卻連仁義都偷了。

你沒看見世上偷人家錢財的「小偷」，都被殺掉。偷人國家的「大盜」，卻被封為諸侯嗎？

大盜變成了諸侯，那大盜的家裡就連仁義、斗斛、秤子、印章，統統都有了。做大盜既然是這樣的大發利市，所以用高官厚祿的賞賜，也不能勸阻；用嚴刑峻罰的恐嚇，也不能禁止。這都是聖人的過失了。

所以，魚不能脫離深淵，國家的利器不可給人看見。聖人便是國家的利器，他是不可以讓人看見的。

【Point】

◎莊子的自然主義不是「反智論」——反對智慧、反對知識。好好讀本篇故事，便可明白。

◎魚不能沒有水，人不能沒有智慧。但魚要深藏水裡，不可躍出水面；人要隱藏智慧，

智慧的陷阱

◎不可耀其光芒。

◎聖人要大巧若拙，諸侯門裡就不會有大盜的化身存在了。

───

射鳥的弓箭，捕鳥的羅網，花樣多了，天空的鳥就只好亂飛了。

釣魚的鈎子，捕魚的魚簍，花樣多了，水裡的魚就只有亂竄了。

捕捉野獸的陷阱、翻車、網絡，花樣多了，森林沼澤的野獸也就只好亂跑了。

人的智巧越多，欺詐、狡猾、詭辯、種種花樣都來了，人世也就只好大亂了。

人類好用智巧，使得天下大亂，從三代以來就是這樣了。

今天（戰國時代），世亂已經到了極點，這智慧的陷阱，難道世人還不願好好反省嗎？

【Point】

◎從人文主義的立場來看，智慧使人類從野蠻走向文明，也使文明社會產生無量的罪惡，那麼智慧要如何使用，實在值得人類自省。

◎莊子說：「絕竽瑟，塞師曠之耳。散五采，膠離朱之目。棄規矩，擺（ㄌ一，折

斷）工倕之指。削曾史之行，鉗楊墨之口，天下之德始玄同矣！」這是說有智慧的人，智慧不可外露。有智慧的人，要超越智慧才行。

黃帝問道廣成子

在宥第十一

黃帝在位十九年，教化大行於天下。這時候，他聽說廣成子已得大道，住在空同山上，便親自上山向廣成子問道。

黃帝問說：「夫子已得大道，請問大道的精氣是什麼？我想用天地的精氣，幫助五穀成熟，以養活百姓。而且我想調和陰陽二氣，幫助百姓保養性情，使他們生活自在，無憂無慮！」

廣成子說：「你想知道大道的精氣，這是可以的。但你想利用這精氣助長萬物群生，那反而是摧殘他們了。你看自你治理天下以後，天上的雲氣還沒有聚集，就下雨了。地上的草木，還沒有枯黃就凋謝了。日月的光明，也漸漸地昏暗下來。難道你這樣做錯了，還不知道反省嗎？這像簡陋的心智，豈能了解大道的境界。」

黃帝聽了，心如死灰。立刻退位，拋了天下，自己到荒野蓋了一間單獨居住的房子，鋪上白茅來休息。這樣清清靜靜地住了三個月，才敢再去求見廣成子。

廣成子在空同山上，面向南方臥在地上休息。黃帝見了，一步一拜，向廣成子再度請問大道。

黃帝問：「我要怎樣修身，才能長久？」

廣成子坐了起來，答道：「這次你來，問得很好。我告訴你吧！大道一片渾沌，不明也不暗。你不要用眼睛去看，不要用耳朵去聽，不要用心去想。勞動形體，搖蕩心神，便不好了。形神抱元合一，無知無我，你就可以游於變化無窮的太虛曠野，這樣與自然合而為一，便可長久了。」

【Point】

用人的智力去改變人間世，在莊子看來，只是「揠苗助長」而已。所以，人類要多研究自然的道理，超越人的智力，順應自然之道，人世才會安寧。

自然的友伴

師法大自然智慧的至人，他的教化，像形體和影子，聲音和回聲的關係一樣。

有問必有答，有感必有應。

因為，他的形體和自然合一。他停止的時候，沒有聲音；他行動的時候，沒有痕跡。所以他可以把迷亂的世人，帶回自然的大道。

認為有自我的形體的，是三代以下的君子。

認為沒有自我的形體的，才是自然的友伴。

【Point】

無私無我，才合乎自然之道。因為，人的形體只是自然變化中的一種形式而已。如果便執為己有，那是私心的作用了。

黃帝遺失玄珠

天地第十二

黃帝來到赤水之北，登上崑崙山上去遊玩。

當他下山南望要回來的時候，忽然在路上遺失了玄珠。

黃帝叫「智慧」去找，找不到。叫離朱用眼睛去找，也找不到。又叫「聲聞」去找，也找不到。最後叫「無象」去找，才找到了。

黃帝說道：「奇妙啊！無象才能看到玄珠啊！」

【Point】

◎黃帝登崑崙遊玩，是比喻他已得道，遊於大道之境。崑崙在北，北方稱做玄冥，所以黃帝得的道便叫做玄珠。

◎黃帝離開崑崙而失去玄珠，是比喻他失去了道。

灌園的老人

◎道不能用心智、眼睛以及耳朵去獲得。要無心無象才能獲得，所以最後用無象找回了玄珠。

◎離朱是古代目力最好的人。

——

子貢南遊楚國，在漢水南邊，看見一個老人正在種菜，子貢便好奇地停下了腳步。

那個老人在井底開了一條地道，抱著水缸走到井底去裝水，然後再走上來灌溉菜園。

子貢看了，說道：「老丈人，你這樣溉園太花力氣了。為什麼不使用機械呢？」

老人說：「用什麼機械？」

子貢說：「用一種叫做桔槔（ㄍㄠ）的，就可以抽水灌溉了，方便得很。」

老人說：「我不是不知道使用機械。但是使用機械的人，必有機心。人有機心，心就搖蕩不定。心一搖蕩不定，就照不見大道了。」

柵欄中的虎豹

子貢聽了，非常慚愧。回去之後，便問孔子說：「那種菜的老人，究竟是什麼樣的人呢？他的用心好像很奇怪呀！」

孔子說：「那是一種修渾沌之術的人，你我還不足以了解他們哩！」

【Point】

機械是人使用智巧發明的。使用機械，便是使用智巧。使用智巧，心就不得安寧了。老人是修道的人，所以不願使用機械，擾亂心神。

一棵百年的老樹，被人砍了下來。把較好的部分拿來做祭祀的酒杯，上刻花紋，漆以文彩。那彎曲無用的部分，就拿去拋棄在山溝了。

樹木被用來做酒杯，或被拋棄在山溝裡，表面上好像有「好」和「壞」的差別，其實就傷害它自然的本性來說，是完全一樣的。

世俗的人，不明此理。用皮帽、長裙、大帶捆綁自己的外形。用種種的知識、聲音、顏色、味道來分隔他的內心，使他的心像柵欄一樣。如果說這樣捆綁心

智和形體，叫做有用，而洋洋自得的話，那麼罪人被關在牢房裡，虎豹被關在柵欄裡，他們也都應該以牢房、柵欄來洋洋自得了。

【Point】

◎百年老樹，生長在野外，任風吹雨打好呢？還是被人砍下來，做祭祀的酒杯好呢？

◎人的形體和心智，像個老虎被拘困在動物園中那樣好呢？還是無拘無束好呢？

◎天地廣大，人卻用小聰明把自己綁死了！那為什麼不用大智慧，解除心神的束縛，悠遊白雲之上，和天地精神相往來呢？

擊鼓追逃犯

天道第十三

孔子西行，想把他的著書藏在周室的圖書館。

子路對孔子說：「周室圖書館的館長叫老聃（ㄌㄠˇ ㄉㄢ）。他掌管藏書的經驗很豐富。現在他已辭職不做，回家隱居了。如果老師要把著作藏起來的話，何不藏在老聃家裡呢？」

孔子說：「好。」就去見老聃。

孔子見了老聃，便說明來意，希望老聃能答應。但是，老聃一口回絕了。

孔子還不死心，就把自己所寫的十二部經書向老聃解說，老聃只聽了一半，就說：「太囉嗦。請簡要說明吧！」

孔子說：「這十二部經的要旨就是在說明仁義。」

老聃說：「請問仁義是人的本性嗎？」

孔子說：「是啊！人沒有仁義，還能成為人嗎？」

老聃說：「請問你所謂的仁義是什麼意思？」

孔子說：「我所謂的仁義，就是指的兼愛無私。」

老聃說：「你錯了。你看天地自有常軌，日月自有光明，星辰自有秩序，禽獸樹木自能生存。人呢，你怕天地不會愛護他嗎？像你這樣高倡仁義，要大家兼愛無私，就好比是看見犯人越獄，便擊鼓追逐想喚他回來。但是，結果呢？你的鼓聲敲得越響，犯人跑得越快，一下子就消失得無影無蹤了。」

【Point】

◎有愛，就有所不愛。人為的愛，不管怎樣廣博，都是無法普及萬物的。所以老聃警告孔子說：你提倡的無私，仍然是偏私。

◎莊子是自然主義者，所以要人超越仁義。孔子是人本主義者，所以要人遵守仁義。

把聖人當牛馬

士成綺去見老子。

他對老子說：「我聽說你是有大智慧的聖人，所以不辭千里來見你。但是，見到你以後，使我大失所望。我好像來到一個老鼠洞裡，看到滿地散棄的蔬菜，一點都不受愛惜。」老子聽了，表情漠然，沒有什麼反應。

士成綺走了以後，心裡越來越奇怪。他原以為把老子諷刺了一頓，回去就有勝利的優越感。但是他回去了，心中反而一片空虛。

第二天，士成綺又來見老子，問道：「我昨天把你罵了一頓，我以為是勝利了，但心情卻很空虛，請問這是什麼緣故？」

老子說：「什麼聖人不聖人，這種名號，我早就像破鞋子一樣把它扔掉了。我如果有獲得大道的實質，你叫我是牛、是馬、是老鼠，又有什麼關係？」

士成綺一聽，知道老子非同小可，便趕快閃在一邊，不敢再正視老子。然後他很謙虛地問道：「我錯了！請問我要怎樣改變自己？」

老子說：「你昨天來的時候，神態高傲，眼神像和人打架的樣子。這就像邊境上的野馬，突然被人捉到，便心氣浮動，完全失去了牠的本性。失去本性的人，就叫做自然的賊。你如果要修道的話，就請回復自然的本性吧！」

做車輪的老人

【Point】

◎ 大智慧的人，不會露出他的智慧。

◎ 士成綺見老子不露智慧，以為老子徒有虛名，便破口大罵。罵完以後，發覺不對，又再向老子請教。這可見士成綺雖然氣血浮動，迷失了本性，但至少他是坦率不欺。所以，老子認為他可以造就，便告訴他修道的法門。

───

桓公有一次在堂上讀書，輪扁（做車輪的木匠，名叫做扁）正在堂前做車輪。

輪扁放下了椎子和鑿子，問桓公道：「請問你讀的是什麼書呢？」

桓公說：「我讀的是聖人的經典呀！」

輪扁說：「那作書的聖人還在嗎？」

桓公說：「早就死了！」

輪扁就嘆息道：「那你所讀的書，不過是古人的糟粕而已。」

桓公大怒道：「你說什麼？你講個道理給我聽聽。如果你胡說八道，我就把你處死！」

輪扁說：「暫請息怒，聽我說吧。我是做車輪的人，就請讓我用做車輪的事來比喻。做車輪的時候，刀子下得快，就省力氣，但是做的車輪不圓。刀子下得慢，就很費力氣，但車輪削得比較圓。做車輪最好的技術是：下刀的時候不快不慢，得心應手。但這不快不慢，得心應手的功夫，我卻不能傳給我的兒子。所以，我現在七十歲了，還在做車輪。這樣看來，古代聖人所得的大道不能傳下來，不是很明顯的嗎？那麼你所讀的書，不是古人的糟粕嗎？」

【Point】

◎這故事非常精采，值得好好思考。

◎工匠只能教你方圓規矩，不能把他身上的造詣傳給你。教拳劍的師父，只能把招式傳給你，不能把他的功夫傳給你。

◎讀書的人，常以為書本上的文字很可貴，其實言外之意才可貴。會背書的人，不一定會讀書，便是這個道理。

◎追求大道的人，如果以為形色聲名就是大道，那是最可悲的了。

虎狼也有愛

天運第十四

商太宰蕩問莊子：「什麼叫做仁？」

莊子說：「虎狼就有仁。」

太宰蕩說：「你這話怎麼講呢？」

莊子說：「虎狼父子相親相愛，這不就是有仁嗎？」

太宰蕩說：「那樣的仁太淺了。請問至仁到底是怎樣？」

莊子說：「至仁無親。」

太宰蕩說：「我聽說不親就不愛，不愛就不孝啊！如果照你這樣說，至仁就是不孝，是嗎？」

莊子說：「不是這樣的。至仁的境界很高，孝的境界達不到。好比冥山是在遙遠的北方，郢是在南方。如果你站在郢地望著北方，冥山是望不到的。所以，

用愛心去行孝，很容易。使雙親順適而忘掉你的愛心，就難些。如果用自然的愛心，不親，使天下的人都很舒適而忘掉人與人之間的愛，那就更難了。」

莊子又說：「用孝悌仁義，忠信貞廉，來使人相親相愛，這不是最高的境界。那就像湖水乾了，魚互相吐著口沫來相親相愛一樣。不如江湖水滿的時候，魚兒在水裡悠游自在，互不相干的好。所以，人要到達至仁的境界，就要超越世俗的孝悌仁義，以及忠信貞廉才行。」

莊子又說：「最尊貴的人，不要爵位；最富有的人，不要金錢；最快樂的人，不要名譽。這才是最高的道。」

【Point】

◎這篇問答式的故事，層次分明，非常好。

◎莊子解除世人的疑惑，從世俗的孝，談到較高層次的孝。從世俗的仁，談到最高層次的仁——不親不疏，這層境界，無所謂孝不孝，無所謂仁不仁，這是莊子要旨。

◎魚不能沒有水。水對魚來說，也無所謂親，也無所謂仁。親而不親，仁而不仁，多想想這個比喻，便能明白莊子去仁去孝（去世俗之仁、世俗之孝）之道理。

東施效顰

孔子要從魯國到衛國去。

顏淵問魯國的太師說：「你認為夫子的做法行嗎？」

太師說：「哎呀！我看老夫子的做法行不通吧！」

顏淵說：「為什麼呢？」

太師說：「祭祀用過的芻狗（草紮的狗），就不能再用，用過之後，就拋在路邊，任人踐踏，或拿去當柴燒。如果有人把它揀回去，當做珍寶，放在枕邊，那人就要做惡夢了。現在夫子所談的一套，就好比是先王用過的芻狗啊！他拿這芻狗每天在人家面前搬演，哪裡行得通呢？所以，他從前到宋國，宋人討厭他，就把他講道休息過的大樹都砍掉了。他到陳蔡之間，人家討厭他，不給他飯吃，七天沒有生火燒飯。這些都是生死之間的危險啊！」

太師又說：「三皇五帝，時代不同，禮法也就不同。禮義法制要變通才行啊！西施是美女，她生病的時候，捧著心、蹙著眉，還是很好看。她鄰居的一個醜婦，看西施捧心蹙眉很美，也模仿她捧心蹙眉。人家見了，都跑得遠遠的，不想看她。夫子對人有愛心，但是可惜不知變通，恐怕要窮困一輩子了。」

海鷗和烏鴉

孔子拜見老聃，討論仁義。

老聃說：「海鷗不是天天洗澡才白的，烏鴉不是天天染黑才黑的。黑白都出於自然的本質。所以你不能說：白的好看，黑的不好看。你用仁義去分辨善惡，在懂得大道的人看來，你所犯的錯誤，和這道理一樣。」

【Point】
老子的仁義，是超越世俗仁義的更高境界。亦可參看本篇〈虎狼也有愛〉的解說。

———

【Point】
◎這故事當然不完全是事實。孔子行道遇難，在宋、陳、蔡所發生的事，見於《史記》。但莊子說他不知變通，只是想藉此提醒救世的人，要因應世變，不可一意孤行而已。

◎社會的水準太低，迷惑的人太多，孔子便也不能行其道。莊子的理想更高，用來救世，也同樣困難重重的。

鳥蟲的風化

孔子對老聃說：「我研究《詩》、《書》、《禮》、《樂》、《易》、《春秋》六經，自以為已經精通了。但是我拿這些道理去干謁七十二國的國君，沒有人要採用。難道這世上真的是人心難測，真理難明嗎？」

老聃說：「腳跡，不是鞋子啊！你所說的六經，只是先王的腳跡，怎麼可以當做大道的根源呢？你這樣去追求大道，哪裡能得道呢？你看，有一種鳥叫做白鶂（ㄧ，同鷁），只要雌雄對著看一下，眼珠都不動，雌鳥就受孕了。還有一種蟲子，雄的在上風叫，雌的在下風應，雌的蟲子就受孕了。這種受孕叫做風化。所以，只要有道，怎麼做都行。如果沒有得道，怎麼做都是白費氣力，行不通的。」

孔子聽了，回去閉門三月，然後對老聃說：「噯，我終於得道了。喜鵲、烏鴉孵卵而化生，魚用口沫化生，各有自然的道理。弟弟出生，哥哥往往失去父母的愛就哭了。我一直在世俗人群中跑，很久沒有和自然造化做朋友了。這樣子，我怎能感化人呢？」

老聃說：「是的，你得道了。」

孔子看到龍

【Point】

◎文字不是大道。六經只是先王的陳跡，不是先王的精神。

◎沒有得道，就不能傳道。因為你身上沒有那種「能」，怎會感化別人呢？

孔子見了老聃，回去三天，不說一句話。

他的弟子問道：「老師你去見老聃，拿什麼去教導他呢？」

孔子說：「我看到龍啦！龍順著陰陽，變化無窮。我張著嘴巴，話都說不出來，哪裡還談得上教導他呢！」

【Point】

孔子認為老聃已得自然之道，變化無方，所以沒有辦法插進一句話。面對一個得道的人，任何話都是多餘、不必要的。

天地日月

天是運動的嗎？地是靜止的嗎？日月是輪流照臨的嗎？是什麼主宰天地日月？

是什麼牽引天地日月？是不得不這樣的嗎？

雲是為了雨，還是雨是為了雲呢？

莊子說：一切都是自然。

【Point】

◎自然的存在，就是不這樣就不能存在。

◎自然無所謂主宰不主宰，一切都是自然。

無江海而閒

刻意第十五

刻意高尚自己的行為，表示和世俗不同；或發表空論，抨擊社會的黑暗，表示心中的不平，這只是憤世嫉俗的人的做法。

提倡忠信仁義，恭儉推讓，以便修養自己，或教誨別人，這只是遊歷各地，或在固定地方講學的人的做法。

講大功、立大名，定君臣上下的禮節，以治平天下。這只是富國強兵，兼併土地的人的做法。

在山林有水草的地方，釣魚閒散，為的是放下心裡的羈絆，這是避世討清閒的人的做法。

練習深呼吸、做導引，學熊掛在樹上，學鳥伸張頭腳，這只是磨練身體，想要長壽的人的做法。

但是這些做法，都是傷害精神的。

有道的人，不刻意而自然高尚，不依賴仁義而自然修身，不依賴功名而自然治天下，不依賴江海而自然悠閒，不依賴導引而自然長壽。

【Point】

◎世俗所依賴的意志、仁義、功名、江海、導引，被認為是修身立業的津梁，但是對於明白大道的人來看，這些都是累贅，都是枷鎖。

◎比如：心情苦悶了就想去看電影，或想聽音樂。精神不濟了，就想抽菸，或想喝咖啡，那麼電影、音樂、香菸、咖啡，不就成了一種「依賴」嗎？當這些依賴品都拿掉的時候，你能不再苦悶，你能精神豐沛嗎？

◎精神像是干將、莫邪的寶劍一樣，不可妄用。世俗之人，任意損耗精神，所以精神不夠用。

繕性第十六

顛倒的人

為了外物而喪失了自己的生命。用世俗的學術，來恢復自然的本性。這就叫做顛倒的人。

【Point】

世俗的人，常常為了金錢、權力、名位而喪失了自己的生命，這在追求大道的人看來，是不值得的。

不住山林的隱士

古代所謂的隱士，並不是說把他的身子藏在山林裡而不出來，就叫隱士。

隱士是獲得大自然智慧的人，當他看見時機命運都不利的時候，便隱藏智慧，與自然合一，而無跡可尋。

【Point】

◎明白大道的人，他的行為是不會有心去違逆自然。

◎許多隱士，名氣很大，這是世俗的隱士，不是大智慧的隱士。

◎有些隱士，隱居山林之目的，是為了做官。像後世陶弘景做「山中宰相」；盧藏用走「終南捷徑」等等。這是世俗與大道的分別，是值得用法眼去分判的。（陶弘景的故事見《梁書》，盧藏用的故事見《唐書》）

秋水第十七

子非魚安知魚之樂？

莊子和惠子有一次在濠水的橋上遊玩。

莊子說：「浪裡的白條（魚名，小白魚）悠游自得，這就是魚的快樂啊！」

惠子說：「你又不是魚，怎麼知道魚是快樂的呢？」

莊子說：「你不是我，怎麼知道我不知道魚的快樂呢？」

惠子說：「我不是你，固然不知道你了，但你不是魚，你不會知道魚的快樂，這就可以肯定了。」

莊子說：「不是這樣的。請回到我們原來的話題說起。當你說『你怎麼知道魚是快樂的呢？』這句話時，你便已知道我知道魚的快樂而問我。那麼現在我可以告訴你，我怎麼會知道魚的快樂呢？我是從濠水上知道的啊！」

鴟鳥吃腐鼠

◎這個辯論是一個很重要的啟示。這個啟示，不是辯論誰勝誰負的問題。

◎惠子的辯論是採邏輯的方式，推理嚴密。

◎莊子的辯論是以他從大自然獲得的智慧做基礎，加上他的修持功夫所產生的特殊能力，與萬物相感應，來回答惠子的問題。

◎中國人一向缺乏知識論中的方法論，惠子是一特別的人物。

惠子做了梁惠王的宰相，莊子想去看看他。

有人對惠子說：「莊子外表上是來看你，實際上是想奪你的位子。」惠子心中非常不安。

莊子來了以來，見惠子很不安，便笑著說：「南方有一種鳥，叫鵷鶵（ㄩㄢ ㄔㄨˊ），是鳳凰一類的鳥。你聽說過嗎？這鳥從南海飛到北海的時候，在這樣遙遠的路上，非梧桐不棲，非竹實不吃，非甘泉不飲。有一天，牠飛過一隻鴟（ㄒㄧㄠ）鳥的頭上，那隻鴟鳥正在吃腐爛的老鼠。鴟鳥惟恐鵷鶵搶去了牠的老鼠，便仰起頭來，『嚇』的大叫一聲。那麼現在你也想『嚇』我一聲嗎？」

污泥中的龜

這是莊子編造的一篇故事，用來提醒許多世俗上貪戀名位的人。「名位」對於世俗雖有設置的必要，但對大智慧的人來說，名位像旅舍一樣，沒有什麼好留戀的。凡迷戀名位的人，他的心神形體便被名位所役使。

———

莊子正在濮水上釣魚，有兩個楚王的使者來拜訪。

使者說：「我們的大王想把國事託付給你，先生願意下山嗎？」

莊子說：「我聽說你們楚國有一隻神龜，死了三千年了，牠的骨頭還是被人找到，放在宗廟裡做占卜用。我想請問你們：這隻龜寧願送了性命，留下骨頭讓人尊貴好呢？還是寧願活著在爛泥巴裡打滾好呢？」使者說：「牠一定願意在爛泥巴裡打滾好啊！」

莊子說：「好吧！你們可以回去了。我也是願意拖著尾巴在爛泥中打滾的好。」

井底之蛙

性命是不能用世俗的尊貴來替換的。為了世俗的尊貴如職位、權力而喪生的，都是迷惑不醒的人。

———

東海的一隻大甲魚（鱉），偶然爬過一口井邊。

井裡的一隻蛙看見了，連忙說：「稀客稀客，請來參觀吧！」

大甲魚說：「你在井裡過得舒服嗎？」

井蛙說：「我獨霸一口井的水，像是一個國王一樣，怎麼不舒服呢！你看，我一跳到井裡，水就來扶著我的兩腋，托著我的腮幫子。我一高興鑽入水底，泥巴就趕快來按摩我的腳。到了晚上，我不想待在水底了，我就一跳，跳到井邊的缺口上做一些奇怪的夢。然後天亮了我想散散步，又一跳就跳出井上，在欄杆的四周散步。我每天都這樣的快樂。可是我看到井裡的一些小螃蟹、小蝌蚪、小紅蟲，他們就沒有我快樂了。」

於是，大甲魚想到井底去看看。可是他的左腳剛剛踩進去，右腳就絆在外面動

彈不得了。大甲魚只好退了出來。

大甲魚便對井蛙說：「你的井太小了，我進不去。我剛才是從東海上來的，讓我告訴你東海的快樂吧。東海又大又深，用一千里的長，不足以形容它的廣大。用八千尺的高，不足以形容它的深。禹的時代，十年中有九年做水災，可是海水並沒有增加。湯的時代，八年中有七年遭旱災，可是海水並沒有減少。像這樣，不因時間的長短而有改變，不受雨水的多少而有增減，這就是大海的快樂。」

井蛙聽了，只好翻翻眼珠，連連倒退，一副茫然失措的樣子。

【Point】

井拘束了蛙。知識拘束了人。知識使你偉大，知識也使你渺小。所以要超越知識。

———

燕國的一個小孩，到趙國的都城邯鄲去學習邯鄲人的步法。

但是，這個小孩後來沒有學會邯鄲人的步法，反而把他自己原來走路的步法忘

管錐測天地

掉了。因此，他只好爬著回家。

【Point】

讀書的人，原來為了追求大道，恢復自然的本性。但是久而久之，就迷失在書城裡面，走都走不出來。大道在哪裡？本性在哪裡？這不是邯鄲學步嗎！

公孫龍問魏牟（ㄇㄡˊ）說：「我研究『堅白異同』的學說，沒有人敢和我辯論，我自以為是最通達的了。但是最近我聽了莊子的言論，使我茫然不知如何開口，請問這是什麼道理？難道是我不及他嗎？」

魏牟說：「算了吧！拿堅白異同的學說去和莊子辯論，不就和用管窺天，用錐測地一樣嗎？天地之大，哪裡是管子可以看得盡，繩子能夠測得完的呢？莊子一腳踩著青天，一腳踩著黃泉，四通八達，沒有罣礙，你哪裡能測度他呢？」

聖人的勇氣

【Point】

用知識去測大道，就像用管錐測天地一樣。公孫龍有大疑惑，所以會有大進步。

衛國的匡這個地方，有個太保叫做陽虎。

剛巧孔子的相貌類似陽虎。所以，有一天，孔子周遊來到匡，匡人就把他包圍起來。但是，孔子和他的弟子繼續在重重圍困中講道。

子路問孔子說：「老師怎麼一點都不害怕呢？」

孔子說：「是的。仲由。我告訴你吧。在水中不怕蛟龍，是漁人的勇氣；在山中不怕猛虎，是獵人的勇氣；在戰場不怕刀劍，是烈士的勇氣；知道命運有窮通，面臨大難而不恐懼，這是聖人的勇氣。」

不久，有個領頭武士，進來對孔子說：「對不起，我們誤會以為你是陽虎。」

說完，就解圍去了。

風和蛇

【Point】

時運有窮、有通。窮時要以智慧觀察，靜以待變。

———

夔（ㄎㄨㄟˊ）是一種獨腳獸，蚿（ㄒㄧㄢˊ）是一種百足蟲。

夔羨慕蚿，蚿羨慕蛇，蛇羨慕風，風羨慕眼睛，眼睛羨慕心。

夔對蚿說：「我用一隻腳走路，再方便不過了。請問你用那麼多的腳，怎麼個走法呢？」

蚿說：「我順著自然的安排來走路，一點也不費心呀！」

蚿對蛇說：「我用好多腳走路，還不如你沒有腳走得快，為什麼呢？」

蛇說：「我是順著自然的天機來運動的，哪裡需要用得著腳呢！」

蛇對風說：「我用我的脊梁和腰部來行走，好像是有個形體可以操縱，你連形體都沒有，一下子呼呼地跑到北海，一下子呼呼地又跑到南海，你怎麼跑得這麼快呢？」

風說：「是呀！我是走得很快。可是人家用手指卻也能勝過我，用腳踢也能勝

河伯和海神的對話

一 黃河和北海

——

秋天的雨水到來了，大小百川的河流都注入黃河裡。因此，黃河水面遼闊，兩岸的景物和水中的沙洲都蒼茫消失了。

這時河神洋洋自得，以為天下的水就是他擁有的最大。

但是河伯順流而東，來到北海，向四面一望，不見邊際。他這才轉過頭來對海神說：「噯，我真是少見多怪啊！我如果不到這裡來，就會被懂得大道的人笑死哩！」

海神說：「井底的蛙，不可以和他談大海；夏天的蟲子，不可以和他談冬天的冰雪。小儒不可以和他談大道。你現在看了大海，知道自己的淺陋，總算可以

過我。而我卻能拔大樹、倒大屋。這就是我。」

【Point】

自然的用處，各有其妙用，而無大小之分。

和你談談大道了！」

「天下的水，海是最大的。可是拿大海來和天地相比，我就像泰山上的一顆小石子一樣，我就不敢說是最大的了。中國在九州，就像太倉中的一粒米，人在萬物中，就像馬身子上的一根毛。所以這樣看來，五帝所繼承的，三代所爭奪的，仁人所憂患的，能士所勞累的，都只不過是一粒米、一根毛、一顆小石子而已。」

莊子用黃河、北海和天地的對比，顯示宇宙的遼闊，開拓人類的心胸，使你遊於無窮的世界──這就叫「啟蒙」。

二 天地和羽毛

河伯問海神說：「如果我認為天地是大的，毫毛是小的，可以嗎？」

海神說：「不可以。萬物，要拿來量的話，是無限量的。時間，要拿來量的

話，是沒有長短的。宇宙沒有開始，也沒有終點，變化不測。所以大智慧的人，不以遠為遠，不以近為近，不以大為多，不以小為少。天地不大，毫毛也不小。」

【Point】
萬物時空是無窮的。它的性質，不可以用人為的大小、長短等觀念去測量。

三 大小和極限

河伯問海神說：「最小的東西是沒有形體的；最大的東西是沒有外圍的，可以這樣講嗎？」

海神說：「不可以。所謂最大、最小，都是指有形跡可尋的而言。沒有形跡的東西，哪能用數量去分別呢？哪能用言語去表達呢？所以，數量不能測、言語不能說的，那就無所謂大小、精粗了！」

大道不能用數量、言語來測量。

四　大道和貴賤

河伯問海神說：「萬物有貴賤的差別嗎？」

海神說：「從自然的大道來看，萬物無貴賤。從萬物自身來看，萬物都自以為貴，互相輕賤。從世俗來看，貴賤都是別人加在你身上的，你並不能夠自主選擇。」

莊子說：「以道觀之，物無貴賤。以物觀之，物皆自貴而相賤。以俗觀之，貴賤不由己。」這話可以有很多啟發。世上的人是不是自貴而相賤？世上所謂富貴的貴，是不是別人加在你身上的？

五　謝施

河伯問海神說：「萬物既無貴賤，那麼我要做什麼呢？我不要做什麼呢？」

海神說：「從大道看來，沒有貴賤，所以不要有我的心志，只是隨著自然來反映，這叫做謝施（ㄊㄨㄛˊ）──自然的代謝轉移。」

六　不怕水火

河伯問海神說：「那麼學道有什麼可貴的呢？」

海神說：「明白大道，就懂得隨時隨機應變，沒有危險。大火燒山，金石熔化，或大水溺天，也不會死。這只有得到道的人才能這樣。」

七 不要穿牛鼻

河伯問海神說：「什麼叫自然？什麼叫人為？」

海神說：「牛馬各有四隻腳，這叫自然。把牛鼻穿上韁繩，把馬頭套上轡銜，這叫做人為。」

【Point】

◎莊子把人為的知識、道德、法制都看做「穿牛鼻、絡馬首」。

◎要注意他說話的「層次」。佛家有人畫「十牛圖」，第一圖是野牛，第二圖是穿鼻的牛拴在樹下……到第十圖解脫韁繩，這隻牛便是「有道的牛」而不是「野牛」，也不是「穿鼻的牛」了。

◎世人看了莊子，便笑孔子。或看了孔子，便痛罵莊子。這都是不明「層次」的緣故。

上述兩種態度都有害，望大家特別留意，以免自誤誤人。

莊子鼓盆

至樂第十八

莊子的妻子死了。惠子前往問候，見莊子正蹲在地上敲著瓦盆（一種樂器，詳參見《史記‧廉頗藺相如傳》，秦王敲瓦缶的故事。瓦缶就是瓦盆。缶，音ㄈㄡˇ）唱歌。

惠子說：「你的妻子和你生活在一起，為你生養照顧子女。現在她年老去世了，你最多不哭也就是了，怎麼還敲著瓦盆唱歌，不嫌太過分了嗎？」

莊子說：「不是的，你慢慢聽我講吧。我的妻子剛死的時候，我又哪能完全沒有感觸呢？但我後來想一想：人本來是沒有生命的。不但沒有生命，連形體都沒有。不但沒有形體，連氣都沒有。在若有若無之間的自然變化中，忽然有了氣，氣變化而有形體，形體變化而有了生命。現在我的妻子變化去世，就像春夏秋冬一樣的自然。她已安息在大自然的臥室裡，如果我還大哭大鬧，那我就

柳生左肘

不通達自然的命理了。所以我不哭。」

【Point】

◎形體的變化，是出於自然的變化。不要被這變化所驚駭，不要被這變化所苦惱。

◎在現實的層次上，莊子的妻子死了，他多少還是有點痛苦的。所以他要敲瓦盆排遣。

我們不妨先這樣想。

◎在高層次的人來看，莊子鼓盆，只是順應情感的變化而已。這時的哀樂並不能打動他的心。

◎形式不重要，內在的心境的變化，才是重要的。鼓盆怎樣？不鼓盆又怎樣？

———

支離叔和滑介叔一起到崑崙山，那裡是黃帝得道休息的地方，前去觀看自然的變化。

忽然之間，滑介叔左肘上長出了一個柳（瘤）。支離叔看了，就問說：「怎麼樣，你心裡不安，討厭它嗎？」

滑介叔說：「我怎麼會討厭它呢？生命形體只是大自然偶然的聚合而已。一個

莊子夢見骷髏

柳（瘤），就像一粒灰塵落在我身上一樣。況且，我和你來崑崙山，是想觀看大自然變化的，現在變化偶然降臨到我身上，我又怎會動心呢！」

【Point】

◎柳生左肘，柳是「瘤」的假借字。後代文人常用這個典故，故在此保留原文。

◎疾病也是形體的自然變化，不要因此打動、累贅自己的心。「滑介」便是忘去心智的意思。

◎有病就治病，但不必掛礙、煩惱。

───

莊子到楚國去。在半路上看見一具骷髏仰臥在那裡，於是他就拿起馬鞭子敲了敲骷髏。

莊子問道：「先生，你是貪心而死的嗎？你是亡國的時候，被刀劍砍死的嗎？你是做了壞事，連累父母而自殺的嗎？你是凍死、餓死的嗎？或是你的春秋已盡，自然地躺在這裡的呢？」

四面一片山風，骷髏沒有回答。

莊子見天色已經暗下來了，就拿起那具骷髏當做枕頭躺在地上睡著了。

半夜裡，莊子夢見骷髏對他說：「聽你白天所講的話，你好像是一個辯士。你所說的那些，都是生人的累贅，死後就沒有這些了。你想聽聽死人的話嗎？」

莊子說：「好哇，你說來讓我聽聽吧。」

骷髏說：「死後，沒有君、沒有臣，也沒有春夏秋冬。舒舒服服地和天地在一起，天地的春秋（年歲）便是我的春秋。這種快樂，南面王也不能相比。」

莊子說：「我不相信死後有那麼舒服。我想去叫司命之神，讓你復活。還你父母妻子。把你送回你的家鄉。你要不要？」

骷髏聽了，深鎖著眉頭，大叫一聲道：「我不要。」說著，一溜煙地跑掉了。

【Point】

莊子藉這故事，提醒那些貪生怕死的人，死是自然的大限。死後到底怎樣？要用自然之理去想想。

海鳥不愛音樂

有一隻碩大的海鳥，叫做爰居。爰居頭高八尺，羽毛燦麗，像是一隻大鳳凰。魯國的國王聽說爰居飛到他的都城郊外，立刻派人把牠接到太廟來。

於是，魯君為歡迎牠，就大奏〈九韶〉（樂章），大牢牛羊豬，並開了幾缸美酒請牠。爰居卻站在梁上一動也不動。

過了三天，爰居被〈九韶〉樂弄得昏頭轉向。牠不吃也不喝。然後，碰的一聲，從梁上掉在地面，死掉了。

莊子說：「魯君的養鳥法，叫做以己養鳥，而不是以鳥養鳥，所以就把鳥弄死了。」

【Point】

◎人認為最好聽的音樂，並不是「絕對」最好聽的。人認為最好吃的食物，並不是「絕對」最好吃的。莊子用爰居之死，來提醒我們：感官的享樂，不過是自我麻醉而已。

◎「以鳥養鳥」而不要「以己養鳥」這話很重要。粗淺的來說：喜歡喝酒的人，便常強迫人家喝酒。喜歡吃辣的人，便常勸人吃辣。請你好好想想看，這樣做可以嗎？「己之所欲，施之於人」，這往往是行不通的。

人不生不滅

列子在山路行走，看見草地裡有一個骷髏。

列子撥開草叢，用手指著他說：「朋友！只有你和我知道你沒有生、也沒有死過。你現在是痛苦的嗎？我現在是快樂的嗎？」

【Point】

◎忘去生死，才能談快樂。

◎最大的快樂是不苦不樂，忘去快樂。

黏蟬的老人

達生第十九

孔子到楚國去，穿過一片樹林，只見一個駝背老人在捉蟬。他手上拿的是很長的竹竿，但捉起蟬來，毫不費力，就像用手拿東西一樣。

孔子問說：「你怎麼這樣會捉蟬？這是技巧，還是道術呢？」

老人說：「這是道術啊！我最初練習捉蟬的時候，先在竹竿上疊兩個彈丸，等到兩個彈丸都不會掉下來了，我再去捉蟬，那失手的機會只有十分之二三而已。後來我又疊三個彈丸，等到三顆彈丸都不會掉下來的時候，我再去捉蟬，失手的機會就只有十之一二而已了。最後我能疊到五顆彈丸而不會掉下來，這時候，我去捉蟬，就像用手拿東西那樣容易了。」

老人又說：「你看我捉蟬的時候，身體像樹木一樣的動也不動，我的手拿著長竿，也像枯枝一樣動也不動。這時，雖以天地之廣，萬物之多，我卻只知道天

操舟如神

下有蟬翼而已。沒有任何東西足以取代我心目中的蟬翼，所以捉蟬哪會捉不到呢？」

孔子聽了，對弟子說：「你們注意啊！心意不雜，就可以通神了。」

【Point】

由技巧入道，心意要不為外物所分散才行。久而久之，萬象入心，也無動於心了。

———

顏淵有一次坐船渡過深潭，見划船的人操舟如神，便問說：「操舟的技術可以學習嗎？」

那船夫說：「可以呀！要是善於游泳的人，很快就學會了。要是善於潛水的人，那他就是沒有見過船，也能划得很快。」

顏淵問說：「為什麼呢？」船夫不答。

顏淵回去以後便問孔子。

孔子說：「會游泳的人，他很快就忘了水的危險。會潛水的人，把深淵看做山

黃金做賭注

丘一樣。船翻了，對他來說，好像是車子倒退而已。所以水中任何危險，他都不放在心上。你碰到的船夫操舟如神，便是這個緣故。」

【Point】

心有牽掛，便失其靈巧了。

孔子說：「用瓦片做賭注，射箭的人，心中沒牽掛，就射得很巧妙。用帶鉤做賭注，射箭的人，心中就會恐懼，技巧就差了。用黃金做賭注，射箭的人，心中負擔沉重，就完全失去技巧了。」

一個人射箭的技術，所以會有這樣大的差異，就是他的心被外物連累所致。

牧羊人

田開之說：「會養生的人，就像善於牧羊的人一樣，看見落後的羊便趕牠一

下。」

周威公問說：「這是什麼意思？」

田開之說：「魯國有個人叫做單（ㄕㄢˋ）豹，住在山裡，生活清靜，不與人爭利。他活到九十歲，臉色還像嬰兒一樣。不幸遇到了餓虎，把他吃掉了。另外有個叫做張毅的，大街小巷，高門蓬戶，他都去串門子。到了四十歲的時候，他就得到熱病死了。單豹修養內心，忘了他的形體。張毅保養他的形體，忘了疾病侵襲他的內心，這都不是養生的中道。所以養生要像牧羊人那樣，不可失其中道。」

【Point】

中道在人文主義上很要緊。但對自然主義者來說，中道亦不可執著。因為有「邊」才有「中」。而自然之理是變化的，既無邊際，便無固定之中點。儒家講中道，莊子講變，其理在此。

祭盤上的犧牲

祝史是主持宗廟祭祀的人。

有一天，祝史穿上禮服走到豬圈外面，對著豬說道：「你們何必怕死呢？我用上好的飼料餵你們。然後我三天齋、十天戒，最後把你們放上神聖的祭盤。這樣你們還認為不夠光彩嗎？」

過了一會兒，祝史又倒過來替豬想想，說道：「到底還是不如吃糟糠，活在豬圈的好啊！」

人，既然會替豬打算，為什麼偏又為了世俗的尊榮，去做祭盤上的犧牲品呢？

那麼，這樣看來，人和豬究竟有什麼不同呢？

桓公打獵遇鬼

桓公在山澤打獵，管仲替他駕車。忽然之間，桓公看見一個鬼。

桓公問管仲說：「仲父剛剛看見什麼東西嗎？」

管仲說：「沒有啊！」

桓公回去以後，心中受了恐懼，就生病了。三個月沒有出門。

有一天，皇子告敖對桓公說：「你的病，是自己傷害自己的。鬼哪能傷害你

呢？」

桓公問說：「那到底有沒有鬼？」

皇子告敖說：「有啊。泥溝中有履，灶下有髻，門內污穢的地方有雷霆。東北方牆腳下有倍阿鮭蠪（ㄕㄣ　ㄌㄨㄥˊ），西北方的牆腳下有泆（ㄧˋ）陽，水裡有罔象，山丘有峷（ㄕㄣ），大山有夔，荒野有彷徨，湖沿有委蛇（ㄨㄟˊ　ㄊㄨㄛˊ），這些都是鬼啊！」

桓公說：「請問委蛇的形狀怎樣？」

皇子告敖說：「委蛇大如車轂，長像車轅，紫衣紅帽。牠討厭雷聲和車聲。如果聽見了雷聲或車聲，牠就縮頭站住不動。看到牠的人將會成為霸王。」

桓公聽了，用手指著笑說：「我看到的就是牠！我看到的就是牠！」說完，坐了起來，自己把衣冠整理好，和皇子坐了一會兒，不知不覺之間，病就好了。

【Point】

◎有許多疾病是由自傷，只要找出他的原因，疾病就不藥而癒。皇子（複姓）告敖知道桓公患的是心病，所以故意說說委蛇的形狀，又說見了委蛇會稱霸，以寬桓公心事，這便是對症下藥了。

紀渻子養鬥雞

◎委蛇讀做　ㄨㄟ　ㄊㄨㄛ　或　ㄨㄟ　ˊ　ㄧ　。「它」、「以」、「已」古字相通。

——

紀渻（ㄒㄧㄥ）子替周宣王養鬥雞。

十天後，宣王問道：「雞養好沒有？可以打架了嗎？」

紀渻子說：「還不能。那隻雞意氣很盛，鬥志高昂。」

過了十天，宣王又問。紀渻子說：「還不能。那隻雞只要看見別的雞的影子，聽見別的雞的聲音，便會衝動起來。」

過了十天，宣王又問。紀渻子說：「還不能。那隻雞常對四周怒目而視，牠的氣勢自命不凡。」

過了十天，宣王又問。紀渻子說：「差不多可以了。那隻雞雖然聽見別的雞叫，已經沒有反應。看起來就像一隻木雞。牠的心，已不受外物所動。」

於是宣王便使用那隻雞去鬥雞，別的雞看見牠一動也不動，都嚇得連連倒退。沒有一隻雞敢向牠挑戰了。

瀑布下游泳的人

◎無心爭鬥的雞，便全身無懈可擊。牠的勁氣內斂，一觸即發。

◎不動心的人，便不被外物所累。大劍客不帶劍，隨時禦敵。

有一次，孔子來到龍門瀑布，見瀑布高懸二萬四千尺，浪花直衝四十里，不覺看得出神了。

忽然之間，他發現急流中有個人游上游下。孔子大驚，以為那人要尋短見，便叫弟子準備搭救。

一會兒，那人已游到百步之外，披髮唱歌，來到岸下。孔子便走上前去問道：

「游水不怕急流，這也有道嗎？」

那人說：「我也沒有什麼道。只是我在水中習而成性，出入波濤，自由自在，如此而已。」

梓慶做鐘架

【Point】

◎用大瀑布比喻造化之力量，很可觀。

◎李白形容廬山大瀑布說：「飛流直下三千尺，疑是銀河落九天」，真是氣勢非凡。人如果不明白自然造化之偉大，而妄想以人力去抗衡，那就像不會游泳的人在龍門、廬山瀑布下游水一樣，非淹死不可。

梓慶做了一個鐘架，完全沒有斧鑿的痕跡。魯侯便問說：「你這是什麼技術啊？已到化境了嗎？」

梓慶說：「我只是一個木工而已。就以木工的技術來說說吧！我開始要做鐘架的時候，先保全元氣。首先齋戒三天，不敢存有受賞賜的念頭。再齋戒三天，不敢有巧拙的念頭。再齋戒七天，忘了我自己的形體。然後我才走入山林，觀察有沒有天然的鐘架，如果形質不合用，我就不動手施工。我做的鐘架所以合於自然，不見斧痕，大概就是這緣故吧！」

東野稷盤馬

梓慶順理以合自然，所做鐘架便如同天生而成，沒有人工的痕跡。

東野稷善於駕御馬車。他駕車的軌跡，就像用工具編織的花紋那樣美妙。

有一次，他駕了莊公的馬車，在廣場上盤馬數百圈。顏闔看了以後，去對莊公說：「東野稷的馬就要出事了。」

莊公聽了，默然不答。過了一會兒，果然有人報告說東野稷盤馬倒在地上。

莊公便問顏闔說：「你怎麼知道東野稷會出事呢？」

顏闔說：「馬的精力是有限的。我看他拚命訓練馬的耐力，已經過了限度，所以知道那馬必倒無疑。」

工倕的手指

工倕（ㄔㄨㄟˊ）的手指和工具合而為一，不必用心去做，就能畫出方圓。所以，忘了腳的人，鞋子對他自然很舒適；忘了腰的人，束帶自然對他很舒適；忘了是非的人，他的心自然很舒適；忘了舒適的人，那是真舒適了。

【Point】

◎心不要強求專一，不要強求與外物契合，才是合乎自然之道。故意使心如槁木死灰，那還是不對的。

◎莊子用工倕的手指來比喻，很好。一般的工匠，有心畫一個方圓，所以不是最好的工匠，他的手永遠停在「技術」的層次。工倕便是超越這層次的人了。

酒醉墜車的人

喝醉了酒的人，從車子上墜下來，雖然摔得很重，但也不會死。醉酒的人，骨頭結構和別人一樣，為什麼摔不死呢？因為他那時候，已不知道自己是在坐車，也不知道自己正從車子上摔下來，生死驚懼，不能進入他的心中，所以他不會摔死。

【Point】

這故事是一個比喻，千萬不可拿來嘗試。醉酒的人，莊子拿來比喻忘我的人。忘我的人，能得到自然的保護。

浮遊於道德

山木第二十

莊子走在山路上，看見幾棵巨大的樹，枝葉茂盛。可是伐木的木匠卻站在一邊，沒有人去砍伐。

莊子問說：「為什麼你們不動手去砍伐呢？」

工匠說：「這些樹，木質不好，沒有什麼用處。」

莊子聽了，便對弟子說：「這些樹就是因為沒有用，所以才長得這樣高大啊！」

莊子下了山以後，到一個朋友家去。他的朋友很高興，便叫僕人殺鵝請客。

僕人問說：「我們家的鵝，一隻會叫、一隻不會叫，殺哪一隻才好呢？」

主人說：「殺那隻不會叫的好了。」

第二天莊子的學生問說：「昨天那山中的巨樹，因為無用而終其天年。而今這

北宮奢鑄鐘

隻鵝卻因為無用而被殺了。請問老師，做人到底要怎樣自處？」

莊子笑說：「我將處於無用和有用之間啊！不過，在實際上，處於有用和無用之間，還是要受累贅的。所以，只有順應變化，無所謂有用，無所謂無用，乘道德（自然之道）而浮遊，才能免於困頓哩！」

【Point】

◎人世的道德，都是相對的。所謂有用和無用也就是相對的，所以，大智慧者要超越相對的道德。

◎道家的道德和世俗的道德不同，原因在此。

―

北宮奢替衛靈公募款鑄造大鐘。

他先在城門外，立了一座祭壇。三月之後，懸鐘的架子完成了，王子慶望見了便問說：「你用什麼方法募款，使工程做得這麼快呢！」

北宮奢說：「我只是一心一意在鑄鐘，不敢再有其他的念頭。我現在是把自己

甘井先竭

變成好像無知無識，返樸歸真那樣。人家來了，願意捐錢的，我不禁止他；不願捐錢的，我也不留下他。隨他自便。所以，雖說是在募款，但是人民毫毛不損。」

【Point】

人沒有私心，便能感動人，做事所以順利。如有私心，被人看穿了，人家反而會相應不理。

ー

孔子周遊列國，被圍於陳、蔡之間，七天沒有炊飯。

大公任前往問候道：「你這次幾乎遇害了嗎？」

孔子說：「是的。」

大公又問道：「你討厭死嗎？」

孔子說：「是的。」

大公說：「我以前不是對你說過免害的道理嗎？東海有一隻鳥，叫做意怠。這

隻鳥，看來好像沒有什麼本事。當飛行的時候，牠要人家帶領。棲息的時候，牠要雜在眾鳥群中。吃東西的時候，不敢搶先，所以外人始終不能侵害他。直的樹木，先遭砍伐；甘的泉水，先被汲乾，這是很明白的道理。現在你的行為卻好比是拿著智慧的光華，去照亮別人的污穢，來顯示你的清白，這樣做，人家當然不容你了。」

孔子聽了，大為覺悟。就辭別了朋友，離開了弟子，獨自到山林裡修道去了。

【Point】

◎智慧不要外露。否則人家不是怕你，便是妒忌你，要做事，往往就成了阻礙。

◎大公是官名，或是複姓，不能確定。

林回棄璧

莊子在荊棘中

假國滅亡的時候，林回拋棄了家藏的連城璧，帶著小孩逃亡了。

【Point】

◎以利害相結合的，必以利害而分散。

◎亂世懷著連城璧，只有越增危險了。

◎這個「極短篇」，言簡意深。

莊子穿著布衣草鞋，去見魏王。

魏王說：「先生怎麼這樣困苦的裝束啊！」

莊子說：「這是貧窮而不困苦啊！衣服破了，鞋子壞了，這是貧窮。你看猿猴在楠梓樹上，盤旋跳躍，惟我獨尊，后羿對他也沒有什麼辦法。但是在荊棘叢下，猿猴便小心翼翼，不敢亂跑亂跳了。我現在就是處在荊棘叢中啊！」

燕子結巢梁上

【Point】

◎命有窮通。莊子逢亂世，便以貧窮自守。所謂見魏王，也不過是「僻處自說而已」（錢穆語），豈有當面刺為昏君亂相之理。

◎大智慧者，往往困頓終生，這是人世的悲哀。蘇格拉底吃藥，耶穌上十字架，想想他們的心事。

孔子說：「燕子是一種有智慧的鳥啊！牠眼睛看到不應該去的地方，就不去。牠銜著的果實掉在地上，便放棄飛走了。牠本來是怕人的，卻結巢在人間，始終沒有人去害牠。這便是處世的大智慧。」

【Point】

鳥都怕人，所以巢居深山、高樹以免害。燕子是特別的，牠就住在人家的屋梁上。想想看，牠有什麼避害的道理呢？牠太瘦了就沒有人吃牠嗎？

螳螂捕蟬

莊子有一次到雕陵的栗園去遊玩。

忽然，從南方飛來一隻奇異的鵲。那隻鵲翅膀有七尺長，眼睛很大。牠碰了一下莊子的頭，才停在栗樹上。

莊子覺得很奇怪，就想說：「這是什麼鳥呢？怎麼翅膀這麼大，卻飛得不遠。眼睛這麼大，卻又碰到我的頭。」於是提起衣裳，拿著彈弓，慢慢走過去。

這時候，莊子看見一隻蟬，正在樹葉的遮蔽下而忘了自己。旁邊有一隻螳螂剛舉起了臂膀要捉牠。螳螂正聚精會神的時候，也忘了自己的形體已暴露出來。那隻怪鵲便趁機想吃螳螂。

莊子看到這裡的時候，忽然覺悟道：「不好了，人都見利而忘害。」於是，拋了彈弓，回頭便跑。管栗園的人，見有人在跑，以為是偷栗子的，便追在後面大罵。

莊子回去以後，三日不出門，心裡一直不愉快。藺且（ㄌㄧㄣ ㄐㄩ）問道：「老師為什麼這幾天不大高興呢？」

莊子說：「我在栗子園守候一隻怪鳥，忘了我的身體的危險，結果被人家誤以為我是偷栗子的，真是受氣。」

美妾不可愛了

【Point】

追逐外物，往往迷失本性。迷而不返，就危險了。

——

楊朱到宋國去。有一天住在旅館。

旅館的主人有兩個妾——一個美貌，一個不好看。主人卻很喜愛那個不好看的妾。

楊朱問說：「真奇怪，你怎麼會不喜歡那個美貌的妾呢？」

那主人說：「長得美麗的那個妾，自己以為很美，所以使人覺得不美了。那個長得不好看的妾，自己以為不好看，所以使我忘了她不好看。」

楊朱聽了，便對弟子說：「小子們，注意啊。存心自誇，就不可愛了。去掉自誇的心，到哪裡不受人家喜愛呢！」

【Point】

◎自以為美的小妾，有浮誇之心，去大道越遠。所以莊子拿來做為「不可愛」的比喻。

◎自以為不美的小妾，有謙虛之心，去大道較近。所以莊子拿來做為「可愛」的比喻。

◎自以為美或自以為不美、其實都不重要。重要的是他的心的變化如何。

寬衣解帶的畫師

田子方第二十一

宋元君想要畫一幅圖畫，便請來了許多畫師。

畫師們拜見宋元君以後，個個興致沖沖，有的趕緊用嘴舐著畫筆，有的就趕緊調和顏色。還有一大批人在門外等著。

過了一會兒，有個畫師慢慢地走來，神態十分悠閒。他前來拜見宋元君以後，並不站在那裡，就直接到畫室去了。

宋元君派人去看他，只見他已寬衣解帶，裸體坐在地上。元君一聽，便說：

「好極了！這才是我要尋找的畫師。」

伯昏無人的箭術

列御寇表演箭術給伯昏無人看。

他把弓箭拉滿，左手平伸，手肘上放一杯水，右手連續發箭，動作之快速，無以復加。當第一枝箭剛發出去，第二枝箭就已搭在弦上。列御寇射箭時，整個人的動作，就像一個木偶人一樣，左手肘上的水，一滴也不會潑出來。

去，第三枝箭又已搭在弦上。列御寇射箭時，整個人的動作，就像一個木偶人

伯昏無人看了，笑著說：「你這種箭術，只能算是『有心射箭』的箭術，而不是『無心射箭』的箭術哩！來，我帶你到高山上，站在山邊的岩石上，背向萬丈深淵，看你還能鎮定射箭嗎？」

於是，伯昏無人帶著列御寇爬上高山，站在危岩上，背向萬丈深淵，腳後跟二分懸空在外，叫列御寇來射箭。列御寇嚇得伏在地上，汗從頭上一直流到腳跟。

伯昏無人這才說道：「真正得道的人，一腳踩著青天，一腳踩著黃泉，縱橫八極，神氣不變。你現在不過是爬上高山，就嚇成這樣子，你的心距離大道還差得遠哩！」

【Point】

◎有心射箭，只是「技術巧妙」。「無心射箭」才是道術的巧妙。

百里奚養牛

◎伯昏無人帶列御寇站在危崖上射箭，就是要他忘我、忘箭，渾然與大道為一，才能達到最上乘的箭術。

百里奚做了五羖大夫以後，也沒有把爵祿放在心上，所以把政事辦得很好。

（ㄍㄨ）大夫」。

秦穆公認為百里奚能夠忘去卑賤，所以就把政事交給他，封他為「五羖

百里奚不把「卑賤」放在心上，所以他養牛的時候，就把牛養得很肥，

【Point】

◎養牛像「請客」一樣，牛還能不肥嗎？

◎做官不求爵祿、不要錢、不要功，政事還會辦不好嗎？

舜修倉通井

舜還沒有做帝王的時候，常在家裡做工。

他的爸爸叫他去修穀倉，他就爬上去修穀倉。他的父親叫他去通阻塞的井，他就下井去修理疏通。

舜去做這些工作的時候，他的弟弟一心一意想害死他。他不是不知道，但他全不把生命放在心上。

舜修穀倉的時候，他弟弟放火燒他。舜通井的時候，他弟弟填井想活埋他，但他卻沒有死。

於是，舜感動了他的弟弟，也感動了堯。後來，堯把帝位讓給他。

【Point】
◎莊子把舜的歷史故事，提升為哲學故事。
◎舜無私、無我，所以能夠動人。辦理政治才能感化人。

──

臧丈人釣魚

周文王到渭水附近去散步。

他看見一個臧（ㄗㄤ）丈人在釣魚，他就站在一邊看。

那個釣魚的人很奇怪，一副不像釣魚的樣子。因為他揚起的釣竿沒有魚鉤，他也不裝魚餌。他釣魚是別有所釣。文王也看出來了，這是最高明的釣魚。

文王想了一想，決心要把臧丈人請回去，把國政交給他辦理。但是，大臣們會不會答應呢？

第二天，文王召集大臣，對他們說道：「昨天晚上我夢見一個人。他的臉黑色而多髯，騎在一匹雜色的馬上，馬的腳有一隻是紅色的蹄子。那人對我說：『把政事交給臧丈人吧，百姓便幸福了。』我醒來以後，覺得很奇怪，你們說怎麼辦？」

大臣說：「哎呀，大王夢見的不是先王季歷嗎？」

文王說：「那我們就占卜一下，看看先王的意思究竟是不是這樣吧！」

大臣說：「先王的命令，何必懷疑。占卜做什麼呢？」

文王便派人去把臧丈人迎接回來，委政給他。

【Point】

◎臧是地名，在陝西渭水附近。丈人是年高的男子。

魯國只有一個儒者

◎臧丈人的釣魚，是「無心釣魚」的釣魚。文王看出他的道術很高，所以假借先王的託夢，請他回去做宰相。

◎臧丈人釣到的魚，也可以說就是文王。但《莊子》的故事中，陳意遠遠比釣文王要高。

莊子見魯哀公，談了一談他的道術。

哀公說：「我魯國的人都修儒術，沒有什麼人修你的道術啊！」

莊子說：「魯國也沒有什麼人修儒術啊！」

哀公說：「你怎麼這樣說？你不看我國中到處都是穿儒服的人嗎？」

莊子說：「穿儒服的人就一定懂儒術嗎？我聽說儒者戴圓形的帽子，是表示他知道天文。穿方形的鞋子，是表示他知道地理。佩彩帶，繫玉玦（ㄐㄩㄝˊ），是表示他遇事能夠有決斷。可是那些穿上儒服的人，真的具有這種造詣嗎？我請大王下令：『不懂儒術，而擅穿儒服的人要處死罪』，就知道他們是否真懂儒術了。」

第二天，哀公下令：「凡是不懂儒術的人，五天之內，請除下儒服，否則處死罪。」

五天以後，整個魯國，就只有一個男子敢穿儒服，站在哀公朝廷門口。於是哀公便召見他，試問他國事，結果那個儒者應對無窮，千變萬化。是個真正的儒者。

這時，莊子便對哀公說：「你看怎樣？全魯國也不過只有一個儒者，這還能算多嗎？」

【Point】

世上明道的人很少。可是世人偏多穿著得道的外衣。莊子是得道的人，所以假儒真儒，他一眼就看了出來。本篇故事，莊子提醒魯君，也正是告示我們，不要被「形式」所蒙蔽。

老子剛洗過頭髮

有一次，老子剛剛洗過頭髮，頭髮還沒有吹乾。老子便披頭散髮，坐在那裡，一動也不動。

這時孔子恰巧來訪，一見老子像枯木那樣動也不動，心中嚇了一大跳。過了一會兒，老子的頭髮吹乾了，便對孔子說：「怎麼樣，你剛才嚇了一跳嗎？」

孔子說：「是的，先生剛才的模樣，像是一株枯木，已經離開人世而完全獨立。我大吃一驚哩！」

老子說：「我剛才是遊心於萬物還沒有開始的世界，你知道嗎？」

孔子說：「哦！這太玄奧了。請先生指點一下吧！」

老子說：「這件事，當我想說的時候，我的心便像困窘而不通，我的口便像張開了而發不出聲音那樣。很不好說明哩！萬物沒有開始的世界是一個沒有端倪，沒有窮盡的世界。那是一個完善快樂的世界。」

孔子聽了，讚歎道：「只有先生才能和造化合一啊！古來的君子，有幾人能達到這境界呢？」

孔子回去以後，便把所見一一告訴顏淵。

孔子說：「我去拜訪老聃，才發現自己像是水缸裡的小紅蟲那樣無知。如果不是老聃打開水缸上的蓋子，我還不知道缸外另有天地哩！」

魏文侯不想做國王

【Point】

大道不可說。「道可道，非常道」。所以莊子說：「我說了那麼多的話，其實沒有說過一句話。」

田子方陪著魏文侯聊天。言談之間，田子方常提到谿工。

文侯說：「谿工是你的老師嗎？」

田子方說：「不是啊，他是我的鄰居，因為他的話很合大道，所以我就提到他。」

文侯說：「那你沒有老師嗎？」

田子方說：「有啊。我的老師叫東郭順子。」

文侯說：「那你為什麼不提他呢？」

田子方說：「我的老師已得大道，他的形狀雖然和常人一樣，他的心卻完全契合自然，叫我怎麼提他才好呢？」

田子方走了以後，文侯惘然自失。他就動也不動地坐在那裡。過了好久，才對

凡國不存不亡

侍立旁邊的臣子說：「噯，剛才聽了田老師的話，我才知道仁義就像土偶，雨一淋就壞了。我想了一想，這個位子也是我的累贅哩！」

【Point】

魏文侯本來以為王位最尊貴，仁義就是大道。但是聽了田子方的開示，才知道王位不足慕，仁義也非最高境界。

——

凡侯和楚王坐著聊天。

一會兒，有三個人連續慌慌張張的來報告說：「凡國滅亡了。」凡侯坐著，漠然不動。

楚王問說：「你心裡不急嗎？」

凡侯說：「我何必著急呢？凡國的存在，不能保障我（真我）的存在。凡國的滅亡，也不會喪失我（真我）的存在。那麼，楚國不也這樣嗎？所以，我們不

妨說凡國不曾滅亡，楚國不曾存在。」

【Point】

真我才是最重要的。外物的存亡變化，哪能時時去計較呢？

道在屎溺

東郭子問莊子：「你所說的道，究竟在哪裡？」

莊子說：「道是無所不在的。」

東郭子說：「那就請你明指個地方吧！」

莊子說：「道就在螻蟻身上。」

東郭子說：「怎麼會這樣卑下呢？」

莊子說：「道就在稊稗（ㄊㄧˊ ㄅㄞˋ）小草的裡面。」

東郭子說：「怎麼愈來愈卑下了呢？」

莊子說：「道就在磚瓦裡面。」

東郭子說：「怎麼又更卑下了呢？」

莊子說：「道就在屎溺裡面。」

大馬捶鉤者

東郭子不說話了。

莊子這才說道：「你問的話，離開大道的實質太遠了。以大道來觀看萬物，萬物沒有貴賤。螻蟻、稊稗、磚瓦、屎溺是一樣的。它們如果不合乎道，就根本不能存在的，所以我說道無所不在。」

【Point】

◎「每下愈況」典故出在此處。不可誤用為「每況愈下」。

◎世人往往把道看得太「高」了。所以誤會道只是存在於高貴的地方。其實萬物都是道的變化，無有貴賤之分。莊子用最淺的比喻，來告訴東郭子，東郭子卻以為莊子拿他開玩笑。其實，莊子的比喻「每下愈況」，這是懂得大道的人才能夠這樣使用「方便法」啊！

大司馬問道：「你打的帶鉤這樣精巧，究竟是靠技術呢？還是已經得道了

楚國大司馬家中，有個打製帶鉤的工匠，年紀已經八十歲了。可是，他打出來的帶鉤，不失豪芒，完美無瑕。

光曜和無有

那工匠說：「是啊，我有道哩。我二十歲的時候，就喜歡打帶鉤。我打帶鉤的時候，精神專一，除了眼中的鉤以外，什麼東西都不能引誘我分神。我心的專一，就是這樣對別的東西毫不關心訓練出來的。所以現在，我已經不需要用心，我的心就自然專一。我的心自然專一，我打的帶鉤，還會失去豪芒嗎？」

呢？」

【Point】

◎八十歲的工匠，因為長期訓練他的心不為外物所分散，所以心意越來越集中。

◎這個工匠最後不必用心去集中精神，精神便自然專一，這時他的心中連「帶鉤」也沒有了。所以打出來的帶鉤，沒有人工的痕跡，這叫做「不失豪芒」。

◎「大馬捶鉤者」是文學家常用的典故，故保持原文，以便應用。

———

光曜問「無有」說：「先生你究竟是有呢？還是沒有呢？」

「無有」不肯回答。

道可以擁有嗎？

光曜看「無有」不回答，便仔細地看看「無有」的狀貌。光曜看來看去，只覺得空空洞洞。整天看也看不見什麼，聽也聽不見什麼，而用手去捉也捉不到什麼。

於是，光曜說道：「這是最高的境界啊！誰能到達這個境界呢？我只能夠有心去做到無的境界，卻不能夠無心去做到無的境界。假如要做到『無無』的境界，究竟要怎樣才做得到呢？」

【Point】

世上萬物都是變化的，固定的稱之為「有」和「無」，都是粗淺的觀察結論。本篇是要我們超越有、無的二分法，這是接近佛家的「般若」了。

──

舜問丞說：「道可以擁有嗎？」

丞說：「你的形體都不是你能擁有的，道要怎樣去擁有呢？」

舜說：「我的形體不是我的，那是誰的呢？」

知識和大道

承說：「你的形體、你的性命、你的子孫，都是自然變化，暫時寄託的啊！哪裡是你的呢？」

【Point】

◎把形體當做自己擁有的，這是一種迷惑。

◎有心把道拿來擁有，也是一種迷惑。所以佛家說：得道的人，無智亦無得。

───

「知」到北方去遊歷。有一天，他來到玄水的旁邊，登上隱弅（ㄈㄣˋ）的山丘，遇見了「無為謂」。

「知」問「無為謂」說：「我想問你三個問題：怎樣思考才能明白大道？怎樣動作才能安於大道？怎樣的法門才能獲得大道？」

「無為謂」聽了這三個問題，沒有回答。

「知」得不到解答，便又來到白水的南邊，登上狐闋的山丘，遇到了「狂屈」。

「知」把原來的三個問題，拿來問「狂屈」。

「狂屈」說：「我知道。我心中想告訴你，但卻忘了所要說的話。」

「知」還是沒有得到解答。便回到帝宮，去問黃帝。

黃帝說：「不要用心去思考，才能明白大道；不要用心去動作，才能安於大道；不要用心去依據法門，才能獲得大道。」

於是，「知」問黃帝說：「我和你都知道大道。無為謂和狂屈卻不知道大道，到底誰才對呢？」

黃帝說：「無為謂是合於大道，狂屈是接近大道，我和你距大道還遠得很哩！」

【Point】

◎知、無為謂、狂屈三人，是莊子虛構的人物。分別代表道的三種境界。

◎「知」是代表「言」的境界，「狂屈」是代表「言無言」的境界，「無為謂」是代表「無心、忘言」的境界。

◎用「知」去測量大道，用「言」去表示大道，都像用繩索去測量天的高度一樣，所以黃帝說「距大道很遠」。

◎參閱「禪宗達摩傳衣缽給慧可」的故事。達摩傳衣缽時，先測驗他的高足要每人說一

道超越知

句話。他的高足每人說了一句話，慧可卻一句話也沒說。達摩便傳衣缽給慧可。

———

泰清問無窮說：「你知道大道嗎？」

無窮說：「我不知道。」

泰清又問無為說：「你知道大道嗎？」

無為說：「我知道。」

泰清說：「你知道大道，有名目可以指稱嗎？」

無為說：「有啊。」

泰清說：「什麼名目？」

無為說：「道可以稱為貴，可以稱為賤。可以稱為聚，可以稱為散。」

泰清便去問無始說：「無窮不知道，無為知道，那麼究竟誰是誰非呢？」

無始說：「知道的人淺，不知道的人深啊！」

泰清仰天嘆息說：「原來道是不可用耳朵去聽，不可用眼睛去看，不可用嘴去說。道是超越感官知識的啊！」

不如讀莊子　176

【Point】

◎莊子一再強調道是不可用人的眼耳口心去索解。人必須超越這些「管錐」才能測天地、大道。

◎如果想進一步了解莊子的這層境界，請讀佛經「轉識成智」的道理，但這已超越知識的範疇了，故不再述。

后羿的技巧

庚桑楚第二十三

后羿的箭術巧妙，能夠一箭貫穿空中飛鳥的雙目。但是，他卻沒有技巧能夠避開世俗的稱譽。

【Point】

◎后羿能命中飛鳥，鳥不能避。但是，名譽也同樣的命中后羿，后羿不能避。

◎所以從大智者看來，后羿的箭術，正是他最大的累贅。

◎世人好名，女人好佩戴首飾，這在智慧者看來，也正是一種累贅。

用道術捉麻雀

用箭術來捉麻雀，百發百中，那是后羿的絕技。但是，后羿能捉到多少隻麻雀呢？

如果用道術捉麻雀，把天下當做羅網，麻雀便一隻都跑不掉了。

【Point】

◎世俗的絕技，只是大道之花（不是果實），大道之末而已。世人則多逐大道之末，奈何！

◎技術的功用有限，道術的功用無限。

庚桑楚逃名

———

老子的弟子庚桑楚，頗得老子之道。

庚桑楚住在畏壘山上，使畏壘地方的百姓大為豐收，於是當地的人開始感激崇拜他。

庚桑楚知道人家崇拜他以後，便對弟子說：「春天的時候百草叢生，秋天的時候，萬物結果。這是自然的運行啊！我住在這裡，人家卻把天地的功勞推在我

的身上，認為我是賢人，難道我要做人的模範嗎？」

於是，他搬到深林裡去了。

匠石和郢人

惠施是莊子的好朋友，惠子死後，莊子很想念他。

有一次，莊子送葬，路過惠施的墳墓，莊子便感慨地對隨從的人說：

有個郢人在塗白灰的時候，一滴白灰落在他的鼻尖上，像是蒼蠅的翅膀那樣薄。郢人便回頭叫他身邊的匠石拿斧頭把它砍掉。匠石拿起了斧頭，揮霍如風，看也不看，兩三下就把白灰削得乾乾淨淨。郢人站在那裡動也不動，所以鼻子一點也沒有受傷。

宋元君知道了這件事，就把匠石找來。對他說：「我也把白灰塗在鼻尖上，讓你砍砍好嗎？」匠石說：「我以前曾經砍過。但是，我的對手早就死了。」

莊子說到這裡，頓了一下，繼續說道：「自從惠子死後，我的對手也就死了。我就沒有說話的人了。」

徐无鬼相狗相馬

【Point】

◎本篇非常精采。無情的莊子，寫出了這樣動情的文字。

◎惠子會說話，莊子也會說話，二人是「敵手」。

◎惠子會說話而喜歡說話，莊子會說話而不喜歡說話，二人境界不同。

◎惠子沒有領悟不說話的道理，莊子深為惋惜。

◎當惠子躺在墳墓裡，再也不能說話了。莊子說話的時候，惠子還聽得到嗎？

———

徐无（ㄨˊ，同無）鬼因女商的介紹，去見魏武侯。

武侯慰問徐无鬼說：「先生氣色不太好啊！大概是住在山林太吃苦了，所以才下山找寡人聊天吧！」

徐无鬼說：「我是來慰問你的啊，你怎麼反來慰問我呢？」

武侯聽了，知道徐无鬼的話並沒有錯，自己實在十分勞累。因此，他便惆悵著不說話了。

過了一會兒，徐无鬼又說道：「大王，我會相狗，也會相馬哩。你想聽聽嗎？」

武侯說：「啊，那好極了，你說給寡人聽聽吧！」

徐无鬼說：「我相狗，分為三種。下等的狗，吃飽就算了，這種狗和貓一樣。中等的狗，眼神明亮，矯矯不凡的樣子。上等的狗，自由自在，無拘無束，根本不知道自己是狗哩！」

武侯聽了，鼓掌大笑。

徐无鬼又說：「我相馬的本領又比相狗還要精。馬有兩種，一種叫做國馬，一種叫天下之馬。」

武侯說：「請先說什麼叫做國馬？」

徐无鬼說：「如果一匹馬，無論馬齒、馬背、馬頭、馬眼，都合乎繩墨規矩，牠的進退周旋，也完全中規中矩，那就叫國馬。」

武侯說：「那什麼是天下之馬？」

徐无鬼說：「如果一匹馬，牠的動作似動似靜，牠的精神若有若無，牠好像是忘掉自己的樣子，這匹馬跑起來必然絕塵而去，這就叫做天下之馬。」

武侯聽了，瞪了一下像病夫似的徐无鬼，然後便站了起來，大笑不已。

《詩》、《書》、《六弢》不如狗馬經

【Point】

◎世人相狗相馬，只看毛色皮相。一如武侯看徐无鬼。

◎徐无鬼外表似病夫，實則精氣含藏不露。

◎武侯衣冠華麗，但精神空虛乏力。

◎徐无鬼提醒武侯，武侯會意大笑。

徐无鬼見了魏武侯，告辭出來。

女商問道：「先生剛才談些什麼話呢？大王怎麼會那樣高興？」

徐无鬼說：「我只是隨便談了些相狗相馬的道理。」

女商吃驚道：「是嗎？那真奇怪了。從前我和大王談《詩》、《書》、《禮》、《樂》，不然就談《六弢》（ㄊㄠ，韜）兵法，大王卻從來沒有這麼高興過哩！」

徐无鬼說：「哦！你沒有聽過越國被放逐的人講的話嗎？剛離國的幾天，只要看見老朋友便很高興。離開個把月以後，只要看見越國的熟人便很高興。一年

黃帝問道於牧童

之後，只要看見像越國的人就很高興了。人離家鄉越久，就會越想念家鄉，不是這樣嗎？如果有人被放逐到山林裡，整天和野獸做朋友，有一天在山谷中忽然聽到有人的腳步聲，那他就會欣喜若狂了。如果來的人，竟是他的兄弟親戚，你說那人不是要高興得昏倒嗎？」

女商聽了，屏息靜靜地注視著徐无鬼。過了一會兒，徐无鬼又說道：「大王太久沒有聽到親切的話了，太久沒有接近有道的真人了！」

【Point】

◎大道如知己。聞大道，如見知己般的喜悅。

◎仁義、《六弢》（太公兵法，文、武、虎、豹、龍、犬六韜），並非大道，所以聽久了，反而索然無味。

黃帝帶著方明、昌寓、張若、滑稽等六人，坐馬車想到具茨（ㄘˊ）山去見大隗（ㄨㄟˊ）。

七聖在半路上迷路了，一時找不到可以問路的人。黃帝便向路邊的牧童問說：

「你知道具茨山在哪裡嗎？」

牧童說：「我知道啊！」

黃帝又問說：「你知道大隗在哪裡嗎？」

牧童說：「我知道啊！」

黃帝說：「奇怪啊！你不但知道具茨山，也知道大隗。那麼你知道怎樣治天下嗎？」

牧童說：「治天下不就和牧馬一樣嗎？只要把妨害馬本性的去掉就好了。」

黃帝聽了，便向牧童拜謝，尊之為「天師」。

【Point】

七聖迷路，到了具茨山還不知道。黃帝聽了牧童的話，才知已經到具茨山。那麼牧童是誰呢？

九方歅論相

子綦有八個兒子。有一天，他請了九方歅（一ㄣ）來替八子看相。

九方歅看了以後，對子綦說：「你的八個兒子，名字叫做梱的相最好。」

子綦說：「梱的相，為什麼最好？」

九方歅說：「他將來終身和國君同坐同食。和國君同坐同食，可以澤被宗族，不是很好嗎？」

子綦聽了，放聲大哭。

九方歅說：「你這做人爸爸的怎麼這樣沒福氣，兒子的命相好，你反而哭個什麼勁？」

子綦說：「不養羊的人，家裡忽然跑出一隻羊。不打獵的人，家裡忽然跑出一隻鶴鶉，這是不好的怪兆啊！」

不久，梱要到燕國去，半路上被強盜捉去了。強盜說：「不如把他的腳砍了，比較不會跑掉。」梱的腳就被強盜砍掉了。然後，梱被賣到齊國去。

梱在齊國，替渠公看門戶，終身肉食。

【Point】

◎世俗撿來的幸福，有道的人認為是累贅。

吳王射巧猿

◎九方歅又作九方皋。見《列子》。

吳王渡江，來到一座山上。

山上很多猴子。那些猴子，見有生人來了，便紛紛躲入深山裡去了。只有一隻猴子，在樹枝上跳來跳去，不怕生人。

吳王見了，便張弓射去。那猴子很靈巧，一閃就躲開了。吳王連射幾箭，都奈何不了牠。

於是吳王叫左右一起放射，轉眼之間，那猴就給射死了。

吳王對顏不疑說：「這猴子雖然靈巧，但是就因為其誇耀靈巧，所以傷了性命。」

顏不疑回去以後，便拜董梧為師，三年不出門，以去除驕色。

【Point】

本領不可誇，智慧不可耀。老子說：「和光同塵」，便是勸人自晦光芒。

不如讀莊子　188

蝸牛角上的兩國

則陽第二十五

魏惠王和齊威王互相結盟。不久，齊王首先背約，而魏王大怒，便想出兵懲罰他。

那時惠子正在魏國，便叫戴晉人去見魏王。

戴晉人對魏王說：「有個叫做蝸牛的小動物，大王知道嗎？」

魏王說：「知道啊！」

戴晉人又說：「有個建國在蝸牛的左角上的人叫做觸氏，另有個建國在蝸牛的右角上的人叫做蠻氏。觸氏和蠻氏經常為了爭奪土地，互相攻戰，死傷的人動則數萬以上。追亡逐北，也常常半個月以後才回來。」

魏王說：「你這是胡說吧！哪有這種事？」

戴晉人說：「大王以為我是胡謅嗎？讓我證實給你看吧。天地四方有窮盡

誰是盜賊？

魏王說：「沒有窮盡。」

戴晉人說：「好哇！在天地之中有個魏國，魏國中有個大梁城，大梁城中有個宮殿，宮殿中有個大王。那麼大王和蝸牛角上的蠻氏有什麼分別嗎？」

魏王聽了，惆悵良久，不能回答。

【Point】

這比喻很精采。世人爭地、爭利，在有道的人看來，就像蝸牛角上的觸氏和蠻氏在角鬥一樣。

———

柏矩追隨老聃學道。

有一天，他對老聃說：「讓我到天下各地去遊歷吧！」

老子說：「算了吧！天下到處不都一樣嗎？」

柏矩過了幾天，又再請求。

老子說：「你要先到哪裡去呢？」

柏矩說：「我先去齊國看看吧！」

柏矩一踏入齊國的郊外，第一個看見的事物便是一具罪人的屍體。

柏矩一看，便跪下去把他扶起來，把自己的衣服披在他的身上，放聲大哭說：

「哎呀！天下最大的災害，你先就遇上了！真可憐啊！國法上說：『不要去做強盜，不要去殺人』但是，誰在做強盜？誰在殺人呢？強盜殺人的行為，要責備誰才好呢？」

【Point】

◎這是一篇很沉痛的控訴：「誰是大盜？」

◎這世上要太平，只有人人超越私心才行。但是，在這世上，往往是做國君的先有私心，那便是率先做壞事了，這樣哪能叫百姓不做壞事呢？春秋戰國的局面，便是這樣演變來的。

孔子質詢太史

孔子有一次質問三個太史說：「衛靈公生平喜歡飲酒作樂，不管政事，而且常常只顧打獵，不參加諸侯的會盟。那他為什麼諡為靈呢？」

第一個太史大弢說：「靈本來就是無道的諡號啊！」

第二個太史伯常騫說：「靈公有三個妻子，常共用一個澡盆在一起洗澡。有一次史鰌（ㄑㄧㄡ）有急事去找靈公，見靈公正在男女共浴。而靈公立刻叫人把史鰌手上的公文接了下來，並且派人恭恭敬敬地扶他出去。這樣看來，靈公對賢人還是尊敬的，所以諡為靈公吧！」

第三個太史猳（ㄒㄧ）韋說：「靈公死後，卜葬在祖先的墓地，不吉利。卜葬在沙丘才吉利。當要葬在沙丘的時候，掘地數尺，就挖到一具石棺，上面刻有銘文說：『不要靠子孫做棺材，靈公就用這具棺材好了。』這樣看來，靈公的靈是前定的，所以諡為靈啊！」

【Point】

◎衛靈公之無道，太史越描越黑。莊子諷刺之意，十分顯豁。

◎衛靈公無道，按照諡法，便不應諡為靈。諡為靈就是欺騙天下人。

◎孔子是「作《春秋》而討天子」的。所以莊子借他的懷疑來正告世人不可詐欺。

環中之道

冉相氏悟出了環中之道，以應無窮之變。

萬物沒有過去，沒有現在，沒有未來。

形體與萬物相合，真我不須與離開。

效法自然，而不有心效法自然。

沒有自然的觀念，也沒有人的觀念。

【Point】

得道者的心態，不空不有。

莊周貸粟

外物第二十六

莊周家裡貧窮。有一次去向監河侯借粟米。

監河侯說：「好。但是我現在沒有錢，等我向百姓收到稅錢以後，再借你三百金好嗎？」

莊子說：「我昨天來的時候，半路上有人叫我。我回頭一看，原來是路邊的窪地有一條魚，快要渴死了。牠說：『你給我一點水喝好嗎？』我說可以呀，但是我現在沒有水，等我南遊吳越，向吳王、越王請求引西江的水來迎接你回歸大海吧！那魚聽了，勃然大怒道：『那你不如明早到賣魚乾的店鋪去找我吧！』」

任公子釣大魚

【Point】

理不在大小，但要恰如其分才好。誇大而不合理，便一無是處了。

———

任公子做大鉤和巨索，用五十條閹過的牛做魚餌，蹲在會稽山上，投竿東海釣大魚。

他在山上大約守了一年，才有一條大魚來吃餌。那條大魚上鉤以後，在海中捲起的波浪像山一樣高。海水震動呼嘯，千里之外，仍感威勢驚人。

任公子把大魚釣上來以後，切成魚片，製成乾肉，從浙江以東，蒼梧以北的人都吃飽了。

那些喜歡傳說的人，聽了任公子的故事，無不奔走相告，引為奇談。

至於那些經常拿著小魚竿釣小魚的人，聽了任公子的故事後，他們就根本不相信了。

儒生盜墓

◎小儒不能通大道。莊子故意編造釣大魚的任公子來提醒世人，不要被小道所誤。

◎道不在大，能通則大。

有兩個儒生為了研究《詩》、《禮》，便去盜掘古墓。

一個年紀較大的儒者，站在墓坑上面傳話道：「喂，挖得怎麼樣了？太陽快要出來了呀！」

在墳墓底下工作的小儒說道：「快啦！快啦！衣裙就要脫下來了！《詩》上不是說過：『青青的麥子，長在山坡上。活著的時候，不肯布施人家，死了卻含著珠子幹嘛？』等一下，讓我拿小銅錘敲敲他的下巴，慢慢張開他的嘴巴，不要弄壞了他含的珍珠。」

【Point】

◎諷刺讀書人的無恥。為了研究《詩》、《禮》盜墓，也是「盜」。

靈驗的白龜

◎諷刺讀書人的頑固愚蠢，古蹟不是大道。古物能證明什麼呢？

有一天的半夜裡，宋元君夢見有人披頭散髮，從屋簷下伸進頭來偷看他。

那人對宋元君說：「我是清江使者，本來要到河伯那裡去，半路上不小心被漁夫余且捉去了。」

宋元君夢醒之後，便叫人占卜解夢。占卜的人說：「那人是一隻神龜變的。」

宋元君又問道：「那麼有個漁夫叫做余且的嗎？」

左右回答說：「有的。」

宋元君說：「明天叫余且來。」

第二天，余且來了，宋元君問道：「你最近捕獲了什麼嗎？」

余且說：「我網到一隻白龜，直徑有五尺長。」

宋元君說：「那麼你把白龜獻上來。」

白龜獻來以後，宋元君想放了牠，又想殺了牠。一時不能決定，便叫人來占卜。占卜的人說：「殺了龜，用龜骨來占卜，吉利。」於是宋元君便殺了白

自然的用

龜，用來占卜七十二次，每次都靈驗無比。

孔子因此說道：「神龜能託夢給宋元君，卻不能避開余且的網。他的智慧能夠卜七十二次全都靈驗，卻不能免除殺身之禍。這是小聰明，而不是大智慧的緣故啊！」

【Point】

小智慧有所見，有所不見，因為他有所蒙蔽。所以人要有大智慧。大智慧就是無漏的智慧，無漏就是觀照圓滿。

─

惠子對莊子說：「你說的話沒有用？」

莊子說：「你知道沒有用，才可以跟你談用。」

惠子說：「怎麼講？」

莊子說：「比如說這一塊大地，你所用的只是腳下立足的那一小塊而已。但是如果把立足以外的地，通通挖掉，一直挖到黃泉，那麼你所立足的那小塊地還

得魚忘筌

會有用嗎？」

惠子說：「沒有用。」

莊子說：「那麼沒有用的用處也就很明顯了。」

【Point】

◎世人所認為的有用，往往只見其小用，自然之用才是大用哩！

◎有用還須假借無用而成，這才合乎自然之用的道理。世人多不明此理。

言語文字是用來傳達思想的。意思已經傳達了以後，言語文字便可捨棄了。

捕獸器是用來捉兔子的。捉到兔子以後，捕獸器便可以捨棄了。

香草是用來引誘魚兒上鉤的。捉得魚以後，香草就可以捨棄了。

【Point】

◎本篇意義非常重要，讀書人尤其要好好領會。

◎本篇的原文是：

筌者所以在魚，得魚而忘筌（編者按：有的版本作「荃」，荃為香草名）。

蹄者所以在兔，得兔而忘蹄。

言者所以在意，得意而忘言。

◎「蹄」是用來絆兔子腳的捕獸器。

◎本篇常常被文學家、藝術家、思想家引用，已成非常普遍的典故。所以在此把原文錄出供作參考。

無牽無掛的人

寓言第二十七

曾子第二次出來做官的時候，心情上又有了新的變化。

曾子說：「我第一次做官的時候，俸祿只有三釜米，但是我心中很快樂，因為那時我雙親還在。現在我的俸祿雖然提高到三千鍾的米，但我的雙親已經不在了，所以我心裡很難過。」

孔子的弟子知道了這件事，便問孔子說：「像曾參這樣子，可以算是沒有牽掛的人嗎？」

孔子說：「他對於俸祿是沒有牽掛，但是他還是有別的牽掛啊！一個真正沒有牽掛的人，他會有哀樂嗎？對於三釜或三千鍾的俸祿，那就等於是鳥雀蚊蟲從他身邊飛過去一樣，他更不會記掛了。」

得道的階段

【Point】

有哀樂的人，不能算是沒有牽掛。我們的牽掛有多少？

顏成子游對南郭子綦說：「自從我追隨夫子學道以來，第一年心如野馬。第二年才開始收斂。第三年心無掛礙。第四年混同物我。第五年大眾來歸。第六年通鬼神。第七年順乎自然。第八年忘去生死。第九年大徹大悟。」

【Point】

◎這是說明修道的心路歷程。

◎第一年心如野馬，這觀念很要緊。修道的人，一開始不要過分勉強收斂，先讓他跑，跑倦了再來收斂，便事半功倍。第一年就想收斂的人，往往十年下來還是心如野馬。

楊朱學道

楊朱想和老子學道。在梁的郊外，楊朱見到了老子。

老子一看到楊朱就嘆息說：「你這人真是無可救藥。」楊朱聽了，不敢講話。

到了旅舍以後，楊朱恭恭敬敬地替老子準備好毛巾臉盆，侍候老子以後，才伏在地上向老子請罪。

老子說：「你那一副跋扈的樣子，人家見了你都會害怕。你還想修什麼道？」

楊朱聽了，趕快自我反省，說道：「我一定遵從老師的指教。」

楊朱初到旅舍的時候，主人非常害怕得罪他，客人也不敢和他住在一起，紛紛讓位避開。

但是，楊朱要離開旅舍的時候，態度大為改變，旅舍的人都和他很親熱，甚至和他搶位子了。

【Point】

修道的人，首先要去掉矜持驕態。心不虛，哪能容道呢？

孔子六十歲的變化

孔子行年六十歲而有六十歲的變化。從前認為對的，現在不敢說是對的了。現在認為對的，也不敢說是五十九年的不對了。

惠子問莊子說：「孔子到現在還是使用知識、勞苦心智嗎？」

莊子說：「孔子早就超越這個境界了。他認為明辨是非，不過是服人之口而已，不能服人之心。如要使人心服，必須合乎自然的大道才行。」

【Point】

使用知識、勞苦心智，是一種較低的層次。智者應該超越這個層次。所以莊子說：「孔子謝之矣！」

顏闔搬家了

讓王第二十八

魯君聽說顏闔是一個有道的高人，便派使者去聘請他。

顏闔住在簡陋的巷子裡面，穿著粗麻製的大衣，親自在餵牛。

使者來到顏闔家門口，問說：「這是顏闔的家嗎？」

顏闔說：「是啊，這是我顏闔的家啊！」

使者就把魯君託他帶的金帛禮物奉上。顏闔說：「先生恐怕弄錯了吧！請你回去重新打聽一下好嗎？不然送錯了人，你回去還要挨罵哩！」

使者見顏闔這副窮酸相，心中已經半信半疑，於是只好帶著禮物回去了。

使者回去以後，不久又趕了回來。但是使者到了顏闔家，顏闔卻早已走了。

列子面有菜色

大智慧者不以外物自累。金帛禮物在顏闔看來，正是名韁利鎖，所以便逃之夭夭了。

───

列子住在鄭國，非常貧窮。

有個客人，見列子面有菜色，好可憐的樣子。他就跑去對宰相鄭子陽說：「列子是有道之士啊，他住在鄭國，這麼貧窮，難道你不怕人家罵你不愛賢士嗎？」

鄭子陽一聽，就叫人送了一些公家的米給列子。

使者來見列子，送上米，列子不受。使者走了以後，列子的妻子便責罵他說：「我聽說和有道的人住在一起，生活會很快樂。但是我和你住一起，卻難過得很。剛才相國派人送米給你，這是相國的好意啊，你為什麼不肯接受呢？」

列子笑著說：「相國送我米，並不是他真正了解我而送我米。他是聽了人的話，才送我米的。你想想看，相國能聽人家一句話便送我米，那麼將來誰能保證他會不會聽人家的話來加罪於我呢？」

屠羊人不厭羊騷味

後來，鄭子陽亂政，果然被百姓所殺。

【Point】

◎「趙孟能貴之，趙孟能賤之」。大智慧者，自貴自賤，別人不能使你貴賤。

◎世俗之人，多只看眼前的蠅頭小利，不知未來的滔天大禍，有道之人必須通達觀照。

——

楚昭王逃亡的時候，屠羊說（ㄩㄝˋ，屠羊的人，名叫說）追隨昭王一起流亡。

吳軍退去以後，昭王返國，封賞那些患難的功臣。屠羊說也在封賞之列。

昭王派人去找屠羊說。

屠羊說對使者說道：「大王逃亡的時候，我也放棄了屠羊。現在大王返國，我已恢復了屠羊的職位。我有什麼好封賞的呢？」

使者說：「你追隨大王流浪，也很辛苦啊，就算接受一點封賞，也不過分啊！」

屠羊說道：「大王逃亡，不是我的罪過。大王返國，也不是我的功勞。我既不

受處罰，也不接受封賞。」

使者還報昭王。

昭王說：「那就叫屠羊說來見我吧！」

使者只好再去找屠羊說。

屠羊說道：「楚國的法律，要有大功受重賞的人，才得晉見大王。當吳軍侵入郢都的時候，我的智慧不足以保住大王，我的勇氣不足以殺退敵人。我逃亡的時候，其實也只是怕被吳人殺死才逃走的。所以，我怎麼能不顧國法而去見大王呢？」

使者沒有辦法，又去回覆了昭王。

楚昭王聽了以後，對司馬子綦說：「這個屠羊說的人，地位雖然很低，談的道理卻不同流俗哩。你去把他找來，讓我給他卿相的位置吧！」

司馬子綦便奉命去見屠羊說。

屠羊說道：「卿相的地位，當然比我屠羊說的地位要高貴多了。萬鍾的俸祿，也比屠羊的利潤要高得多。但是，我只是屠羊的人，我要這麼高的位子，這麼多的俸祿做什麼呢？」

顏回不想做官

【Point】

◎屠羊人追隨楚王流亡，表面雖有侍奉之恩，但其實也有怕死之意。吳軍入郢，誰不怕死呢？

◎屠羊人說的實話，暗示了楚王和世俗的互相欺騙。

◎楚王的使者四次勸屠羊人受封賞，屠羊人四次都拒絕。這是莊子的一片苦心，要世人不要互相欺騙。

孔子對顏回說：「回，你過來。我看你住得那麼簡陋、吃得那麼粗劣，為什麼不去做官？」

顏回說：「老師，我不想做官啊！我在城裡有五十畝薄田，可以有些收成，平日煮稀飯吃，也就夠了。我城外還有十畝地，種些桑林、做衣服、做鞋子也就有得穿了。其他空閒的時候，我就彈彈琴，跟老師談談大道。這樣我就很滿足了呀，何必再去做官呢！」

孔子說：「很好啊！知足快樂的人就不會為利祿而勞苦了。」

子貢衣服雪白

多餘的物質，不必過分去追求，否則得不償失。

原憲和子貢是孔子的學生。

原憲住在魯國的時候，家徒四壁，屋頂會漏雨，門戶有漏洞，但他都不在意。

子貢很會說話，做了大官，往來很神氣。有一天，子貢來看原憲。他的大車子剛開到巷口，便卡住進不去了。子貢只好下車，步行而入。

子貢見原憲站在門外，鞋子的後跟都掉了，便問說：「你還是這麼窮，近來身子好嗎？」

原憲說：「我很好啊！」

子貢進去坐了下來，見地上有點潮濕，空氣中有股霉味，心中頗不自安。

原憲笑道：「一個人太窮固然不好。但是為了迎合世俗而放棄理想，為了做壞事而假借仁義。這人的衣服雖然穿得雪白，車馬也很華麗，我還是認為不如貧窮的好。」

子貢聽了，很不好意思。

【Point】

◎衣服雪白的人，不一定內心很清白。原憲教訓子貢，便是指他因小失大。

◎用貧窮來裝飾清高，也是不必的。

◎一個人與其做壞事而得富貴，不如守貧窮好些。

盗跖第二十九

孔子會見大盜（一）

孔子和柳下季做朋友。柳下季有個弟弟叫做盜跖（ㄓˊ）。盜跖有部眾九千人，橫行天下。

孔子對柳下季說：「做父親的要管教兒子，做哥哥的要管教弟弟。如果不能做到這點，那要父子兄弟的關係做什麼呢？現在你弟弟做大盜，橫行天下，你卻不能管教他，我不能不為你感到羞恥。請讓我替你去勸勸他吧！」

柳下季說：「先生認為做父親的，一定要能管教兒子。做哥哥的，一定要能管教弟弟。但是假使做子弟的就是不聽父兄的管教，就像先生這麼會說話，又有什麼辦法呢？」

孔子說：「那就讓我去試試看吧！」

柳下季說：「我那弟弟，心如湧泉、意如飄風。他的強悍，可以做到絕不低

大盜的道理 (二)

一

孔子來到泰山下，只見盜跖和他的隨從正在忙著炒人的心肝當點心吃。

孔子對盜跖的隨從說道：「煩請通報你們的將軍，說魯國人孔丘，素聞將軍高義，特地前來拜訪。」

那個隨從立刻前去通報。盜跖聽說孔子來了，氣得哇哇怪叫，像是小老虎一樣。然後他把兩眼一瞪，燦若明星，頭髮根根倒豎而起。

盜跖怒道：「你說什麼孔丘來了！就是那個魯國最虛偽巧詐的人嗎？你替我傳話給他：不要再妄稱文武，搬弄是非，迷惑天下君主。不要再假借孝悌，欺騙士人，僥倖得到封侯的富貴。他的罪孽深重，趁早下山還來得及，不然我就把他的心肝拿來做午餐吃了！」

頭。他的辯才可以做到顛倒是非。如果你順從他，他就很高興。如果你拂逆他，他就勃然大怒。現在你如果去的話，他會把你的話倒過來，把你罵得狗血淋頭，我看你還是不要去嘗試吧！」

孔子不聽，便叫顏回駕車，子貢隨在旁邊，一起上山去會大盜。

那隨從把話告訴了孔子。孔子說道：「對不起，煩請再通報一下。我是柳下季的好朋友，只來仰望將軍而已。」

盜跖聽說孔子不走，便叫他來相見。孔子俯身向前走，連連拜揖，盜跖卻坐在石頭上，兩腿張開，手按寶劍，大聲叱道：「丘！你來吧！你說的話如果合我的意，我就放你走。如果不合我意，你就休想活著下山！」

孔子說道：「將軍請暫息怒。我聽說天下有三種美質。身材高大，美好無雙，不論少長貴賤，見了他就喜歡，這是第一種的美質。智慧包羅天地，能分辨萬事萬物的道理，這是第二種的美質。勇敢果決，能聚集群眾，率領兵卒，這是第三種美質。一個人只要具有以上任何一種美質，就足可南面稱王了。現在將軍一身而兼有這三種美質，身為八尺二寸，眼如明星，脣如激丹，牙齒像編貝，聲音像黃鐘，可是卻稱做盜跖，這不是太可惜了嗎？將軍如有意聽我的淺見，我願南使吳越，北使齊魯，東使宋衛，西使晉楚。請他們為將軍築一座大城，尊將軍為諸侯。讓天下停止戰爭，父子重聚，共祭先祖。這是聖人才士的行為，也是天下共同的願望啊！」

盜跖聽了，大怒道：「可以用利祿去引誘，可以用言語去規勸的人，都是一些凡夫俗子罷了！我高大美好，人人見了都喜歡，這是我父母給我的美質。你就

是不提，我自己會不知道嗎？而且，我也聽說：喜歡在當面說好話的，就喜歡在背後說人家的壞話。你現在當面誇獎我，我怎敢相信你在背後不罵我呢？你說要給我一個最大的城，想用富貴來引誘我，但我豈不知道富貴只是過眼雲煙呢？再說最大的城，沒有比天下更大的了。堯舜擁有天下，他的子孫現在在哪裡呢？湯武也曾經擁有天下，他的子孫現在又在哪裡呢？天下的事情，有大利就有大害，難道我還會不懂嗎？你今天所談的道理，都是我拋棄不要的謬論，狂妄而不可信。我看你還是趕快走吧！這些謬論，距離大道太遠了！」

孔子聽了以後，連連拜揖，不敢說話，下山以後，兩眼茫然，手上拿的馬韁繩掉了三次，伏在車子上面，大氣都不敢喘一口。

孔子回到魯國東門，又碰到柳下季。

柳下季見孔子氣色敗壞，便說道：「近來好嗎？好幾天沒見到你了。看你風塵僕僕，好像有過遠行的樣子，莫非去見了我弟弟嗎？」

孔子仰天歎息道：「哎！我就像是一個沒有病的人，卻拿艾草來燒一樣的愚昧！我匆匆忙忙的去拔老虎的鬍子，幾乎被老虎吃掉啊！」

柳下季說：「我弟弟是不是說話不合你的意思，冒犯了你呢？」

孔子說：「是啊！」

◎本篇是莊子的諷刺。就像論語中的楚狂接輿、荷篠（ㄒㄧㄠˊ）丈人、長沮、桀溺他們諷刺孔子一樣。

◎孔子行仁義，當然不是欺詐。但莊子提醒世人：多少罪惡，是假借仁義之名而行之。這點我們不可不察。

◎大盜殺人，畢竟有限。仁義如果被用做藉口來殺人，那就是禍患無窮了。

◎不要以為莊子在侮辱孔子。莊子是在講道，不是在講歷史。

趙王愛劍客 (一)

趙文王喜歡劍術，劍客都流浪到趙國來。宮廷內有三千多個劍客。

趙王日夜不停的要這些劍客比劍。三年下來，不知死傷了多少人，但趙王仍然樂此不疲。

諸侯見趙王日夜沉迷於劍術，認為有機可乘，便開始打算奪取趙國的土地。趙文王的太子知道諸侯的陰謀以後，憂心如焚。便決心請一個人出來勸阻趙王。

太子把他的計劃，秘密和左右商量，左右說：「有一個人，如果能請得到，一定可阻止大王。」太子說：「什麼人？」左右說：「莊子。」

太子便派人去把莊子請來。

大劍客莊子（二）

【Point】

世俗傷身的「利器」很多，酒、色、名、利、權力等等都是。劍術也是一種。莊子怕世人沉迷不悟，所以用比較明顯的「傷身利器」來講大道。

莊子見了太子，說道：「聽說太子對大王沉迷於劍術，很傷腦筋，是嗎？」

太子蹙著眉頭說：「是啊！」

莊子說：「那就讓我去見機行事吧！」

太子說：「好是好。但是現在大王心目中只有劍客。劍客以外的人，他都不接見哩！」

莊子說：「沒問題啊！我的劍術也不同凡響！」

太子說：「可是還有一個問題。大王所喜歡的劍客，都是滿頭亂髮，說話粗里粗氣。要比劍的時候，頭盔都壓著眉毛，兩眼瞪著像死魚眼一樣。大王認為這樣才有劍客的氣派。先生卻一派文謅謅的樣子，大王不會喜歡你啊！」

莊子說：「那就替我做一套劍客的服裝吧！」

莊子三劍 (三)

於是太子替莊子做了一套劍客的服裝，調息三日，才和太子一同往見趙王。

【Point】

莊子形容劍客的模樣，生動而令人發笑。世俗之人，自以為「勇士」的，往往便是這樣可笑啊！這些人硬是糊里糊塗的把自己的脖子往劍鋒上面送，你說可憐不可憐呢？

───

莊子來到宮殿門前，緩緩地走進殿門，到了趙王的面前也不下拜。

趙王見莊子一副粗里粗氣的樣子，心中怪喜歡的。便故意問道：「你的劍術很好嗎？怎敢勞動太子為你引見呢？」

莊子大聲說道：「我的劍術千里之內，沒有人能阻擋。如果有人阻擋，我十步之內就殺一個人！」

趙王一聽，喜得跳起來，說道：「那你是天下無敵了！」

莊子說：「善於擊劍的，要先故意露出自己的破綻引誘敵人看。當敵人一劍刺來的時候，我已意在劍先。趁著敵人門戶大開的時候，身劍合一，劍出如風，

我敢說我的劍術，只要一動手，敵人沒有不躺下的。大王如果要一開眼界，現在就讓我試劍吧！」

趙王連忙擺手阻止說：「不！不。你的劍術太高了，不可隨意顯露。請你回府中休息，七天之後，我再正式請你來參加比劍大會。」

於是趙王乃精選他的劍王，較量了七天，死傷六七十人，然後選了五六個造詣最高的，來和莊子比劍。

比劍的那天，莊子來了。

趙王說：「今天請你比劍好嗎？」

莊子說：「我已渴望很久了。」

趙王說：「那麼你要用多長的劍呢？」

莊子說：「我用的劍，長短隨意，但我有三種不同的劍，請大王選擇，然後我再比劍。」

趙王說：「你有哪三種劍？」

莊子說：「我有天子之劍、諸侯之劍、庶人之劍這三種劍。」

趙王說：「天子之劍怎樣？」

莊子說：「天子之劍是用燕谿、石城做劍鋒，以齊國泰山做劍稜，以晉國、魏

國做劍刃，以周和宋地做劍環，以韓國、魏國做劍把，以四夷做劍鞘，以渤海做劍穗。這把劍拔出來，向上可以劈開浮雲，向下可以斬斷地根，天下無人不服。這叫做天子之劍。」

趙王又問：「那諸侯之劍呢？」

莊子說：「諸侯之劍，以聰明勇敢的人做劍鋒，以清廉的人做劍稜，以賢良的人做劍刃，以忠聖的人做劍環，以豪傑的人做劍把。這把劍一用，四境賓服，如雷霆威震四方。這叫諸侯之劍。」

趙王再問道：「那庶人之劍又怎樣呢？」

莊子說：「庶人之劍，是滿頭亂髮，說話粗里粗氣，比劍的時候，頭盔壓得很低，兩眼瞪著像死魚一樣。這種劍一出手，上砍敵人的首級，下刺敵人的心臟，就和鬥雞無異。一旦性命送掉了，對國家就再不能出力了。現在大王喜歡庶人之劍，我看是太可惜了哩！」

趙王聽了，面如死灰，茫茫地坐在那裡。不知如何是好？

【Point】

趙王沉迷劍術，不明大道。所以莊子開示以大道，趙王一時大挫，便陷入思索中慢慢醒

劍客死光了（四）

悟過來。

—

趙王聽了莊子三劍以後，終於明白了過來。

於是，他親自走了下來，牽著莊子的手，登上大殿，對劍客們說道：「今天比劍的事，到此為止。你們通通退下。」

趙王替莊子準備了大餐，請莊子上座，而他自己卻繞著桌子繞了三圈，心氣一直定不下來。

莊子說：「大王請定下心來，坐下吧。劍術的事，我已說完了，就此告辭。」

從此以後，趙王再也不談劍術。三個月不出宮門一步。那些劍客，見趙王再也不理他們，心中氣憤難忍，便統統拔劍自殺了。

【Point】

◎莊子再度提醒：「劍術傷身」。小道傷身，不足為恃，世人不可不明。

◎劍客死光了，他們是勇敢呢？還是愚蠢呢？

孔子遊黑森林

漁父第三十一

孔子來到一片黑森林遊玩。他的弟子在身邊讀書，他坐在大石上彈琴唱歌。

孔子的歌唱了一半，看見有個漁父下船走過來。那漁父的白眉毛、白鬍子垂了下來，頭髮披散在肩膀上，兩手垂在衣袖裡面。漁父在草地上緩緩地走著，到了距孔子不遠的地方，就蹲了下來，用右手托著腮，仔細聽孔子唱的歌。

漁父聽完了孔子的歌，就站了起來，用手招子貢和子路。

漁父問道：「那唱歌的是什麼人哪？」

子路說：「他是魯國的君子啊！」

漁父說：「他的家族是什麼？」

子路說：「他的家族是孔氏。」

漁父說：「孔氏是做什麼的呢？」

八病四患

子路說：「他是講仁義禮樂。上以忠心事主，下以感化百姓，欲使天下太平的人哪。」

漁父說：「那麼他是有封地的君子嗎？」

子貢說：「不是。」

漁父說：「那麼他是諸侯的大臣嗎？」

子貢說：「也不是。」

漁父聽了，大笑說：「像他這樣辛苦，也真是可嘆啊！他這樣子下去，恐怕離開大道會越來越遠哩！」

漁父說完便走了。

———

子路和子貢把漁父的話告訴孔子。

孔子便推開琴站了起來。說道：「那漁父是個大智慧的人啊！」

說著便向漁父的方向走去。到了湖邊，漁父正要上船。漁父回頭見孔子來了，便站在湖邊。

孔子來到漁父前面，先後退幾步，再前進幾步，向漁父深深地行了個禮。

漁父問道：「你有什麼要求嗎？」

孔子說：「剛才聽先生說話，好像沒有說完便走了。我很愚昧，想請先生再指教。」

漁父說：「那你真是好學啊！」

孔子說：「我從小就很好學，今年六十九歲了，還沒有聽得大道，我敢不虛心嗎？」

漁父說：「人有八種毛病、四種憂患，不可不察哩。」

孔子說：「請先問什麼是八種毛病？」

漁父說：「做不是你應該做的事，這叫做摠（ㄗㄨㄥˇ）。人家不採信你的話，偏偏說個沒完，這叫做佞。揣摩順從人家的心意，去說一些人家喜歡聽的話，這叫做諂。不問是非，只是附和人家的話，這叫做諛。喜歡說人家的短處，這叫做讒。拆散人家的交情，這叫做賊。稱譽奸詐的人，排斥自己厭惡的人，這叫做慝（ㄊㄜˋ）。不分善惡，兩面討好，使人喜歡，這叫做險。這八種毛病，對外則擾亂別人，對內則傷害真我。這是有智慧的人所不願接近的。」

孔子仔細聽了，又問道：「那什麼是四種憂患呢？」

討厭影子的人

漁父道：「好做大事，以求功名，這叫做叨。妄作聰明，擅自行事，只用自己的主意，不顧侵犯人家的，這叫做狠。看出自己的過失而不改，聽了別人的勸諫反而火上加油，這叫做貪。和自己意見相同的，就認為對；和自己意見不同，雖好也說不好，這叫做矜。一個人具有這四種憂患的，就很難和他談大道了。」

孔子聽了，愀然變色，再三拜揖而去。

【Point】

莊子勸人修大智慧，不要犯八病：摠、佞、諂、諛、讒、賊、慝、險。不要犯四患：叨、貪、狠、矜。這八病四患，是世人最常見的過失。要樣樣免除，並不是容易的。

――

有一個人，他討厭自己的影子。

當他走路的時候，看見影子緊跟在後面，便越走越快。但是，他走得越快，影子也追得越緊，他以為自己走得不夠快，便發足狂奔，竟累死了。

討厭腳跡的人

【Point】

世上不明大道的人，他的行為，在大智慧的人看來，就像這個討厭影子的人一樣。其實要擺脫影子，很簡單，只要在樹蔭下休息就好了。世人多在狂奔而不肯休息，這是為什麼呢？

———

有個人，他很討厭自己的腳跡。

當他走路的時候，為了擺脫自己的腳跡，便越走越快。但是，他走得越快，腳跡越多，最後便累死了。

列禦寇第三十二

屠龍之技

朱泙漫向支離益學習屠龍之技。他耗盡了千金的家產，共花了三年的時間才學成。

但是，他下山以後，走遍了天下，找不到一條龍。

【Point】

◎朱泙漫空想而不切實際。他的劍術究竟能屠龍，還是只能屠狗，誰知道？

◎世上人為的技巧，不管你認為多高明，在有道的人看來，都是無用的。

◎「屠龍之技」已成常用的典故。

打碎龍珠

有人去遊說宋王，宋王給他十輛馬車。那人就拿十輛馬車來向莊子誇耀。

莊子說：「黃河邊上有個窮人家，靠編織營生。有一天，他的兒子潛到深淵底下，找到一顆龍珠，拿給他的父親看，他的父親說：『趕快拿去打碎，我不要這龍珠。』他兒子說：『這顆龍珠千金都買不到，為什麼要打碎呢？』他的父親說：『這樣稀有的龍珠，一定在九重深淵的底下，黑龍出沒的地方才會有。你能拿到這顆珠子，一定是剛好碰上黑龍睡著了。如果黑龍醒著，你還能活著回來嗎？』」

莊子停了一下，又說道：「現在宋國的宮殿，就好像九重深淵，宋王的凶猛，就好比那條黑龍。你能拿到宋王的馬車，必定是碰到他正在睡覺。如果宋王是醒著，那你早已粉身碎骨了。」

【Point】

世人常為了珍奇的外物，忘了性命的危險，這是一種迷惑。潛入深淵而拿到一顆珠子，那太危險了。如果把性命送了，豈不太不值得了嗎？

不做犧牲

莊子快死了

有人想請莊子出來做官。

莊子說：「你沒有看見過那養來做祭祀的牛嗎？雖然每天吃的是芻草大豆，身上披的是紋彩刺繡。但是，有一天，當牠被牽入太廟做犧牲的時候，牠想回到野外，做一條孤獨的牛也不可得了。」

【Point】

不要貪圖山珍海味，做人家的犧牲品。仔細想想，便知道那是不值得的。

莊子快要死了，他的弟子聚在一起商量，準備厚葬他，做為報答。

莊子笑著說：「那又何必呢？我死後，用天地做棺槨，用日月做雙璧，用星辰做珍珠，用萬物做禮品，我的葬儀不是最完備了嗎？還有什麼葬儀比這更好的呢？」

弟子們說道：「我們是擔心老師被烏鴉、老鷹吃掉啊！」

莊子說：「在地上，會被烏鴉、老鷹吃掉。在地下，會被蛄螻、螞蟻吃掉。你

知道不可說

們為什麼要從烏鴉、老鷹的嘴裡，搶過來給蛄螻、螞蟻吃呢？這不是太偏心了嗎？」

【Point】
死亡是一種自然。肉體的消散、變化就交給大自然去處理吧！何必看不通呢？

──

莊子說：「知道容易，不說出來卻就困難了。知道而不說，便是與自然的大道合而為一。知道而說了出來，便是與自然的大道分而為二。因為大道是自然的，說卻是人為的。古代知道的人，都是合於自然而不做人為的事。」

【Point】
大道不能用言語表達。所以老子也說：「道可道，非常道。」

泛若不繫之舟

列子露了形跡

巧妙的人多勞苦，聰明的人多憂愁。無能的人無所求，吃飽了便到處逍遙，好像是一條沒有繩索繫住的空船，在水面上搖呀搖的，自由自在。

【Point】

莊子提醒世人：聰明巧妙往往帶來無窮的累贅。這些繫累世人常不自覺。

———

伯昏無人去看列子。只見列子的門外，鞋子都排滿了。

伯昏無人在門外站著，把臉頰靠在杖頭上，站了一會兒，他就走了。

有人立刻進去報告列子。列子提了鞋子，來不及穿上，赤腳便追了出來。伯昏無人見列子追來了，便停下了腳步。

列子問道：「老師既然來了，為什麼不進來指教弟子呢？」

伯昏無人道：「算了吧！我早就告訴你要葆光，不要露了形跡，現在你能讓人來歸附你，卻不能使人不歸附你，這便是你露出了與眾不同的痕跡啊！」

【Point】

伯昏無人叫列子要「葆光」。葆光就是和光同塵、光而不耀的意思。列子卻偏偏光芒外露，引來了許多的人，這是小聰明而不是大智慧。

天下第三十三

方術和大道

天下研究方術的人是很多了。他們都把方術當做大道，自以為自己的境界已和大道合而為一了。

其實方術只是大道的一部分，哪裡就是大道呢？古代所謂的大道在哪裡呢？道是無所不在的。

【Point】

方術和大道不同。墨子、宋鈃（ㄐㄧㄢ）、彭蒙、慎到、惠施等人的學術，都是方術而已。只有關尹、老聃、莊周的道術，才合乎大道。世人對於天下學術的宗派林立，割裂大道，不可不察。

關尹和老聃的道術

以根本為大，以萬物為小。以有餘為不足，不動不靜地與神明合一。古代的道術有這一宗派。關尹、老聃知道了非常喜歡。他們建立了「常無」和「常有」，以「太一」做宗本。以懦弱謙下做外表，以空虛不壞做實質。

關尹說：「不要有心，萬物自然顯現。心動如水，心靜如鏡。這一動一靜，就像山谷對聲音的回響。他的心若有若無，若清若盲。」

老聃說：「知其陽剛，而守其陰柔，做天下的谿流。知其白，而守其黑，成為天下的幽谷。人都爭先，我則退後。人都取『實有』，我卻取『空無』。空無不積，所以能容大，所以不會不足。堅則碎，銳則挫，所以寧守柔守拙。」

莊子說：「關尹、老聃是古來的博大真人啊！」

【Point】

關尹、老聃不離大道的本質。所以莊子稱之為博大真人。他們二人都是莊周的老前輩。

莊周的道術

空虛無形，變化無常。生死和天地合一，神明無所不在，萬物羅列在我的面前，我要歸向哪裡呢？古來的道術有這一宗派，莊周聽了就喜歡它。

莊周以無情無實，廣大無限的話來講述大道。變化無窮，不偏不中。他認為世俗混濁，不能對他們直接講論正道。所以用無始無終的話來敷衍，以世俗重視的話來充實，不能對他們直接講論正道。所以用無始無終的話來敷衍，以世俗重視的話來充實，以寄託的話來推廣。他單獨與天地往來，不傲視萬物。他與世俗相處，也和光同塵，不責人是非。他的書瑰麗奇特，而宛轉無傷於大道。他的文辭雖不修整，但滑稽可觀。他是上與造化同遊，下與超越生死的人做朋友。他的大道，因應變化，恍恍惚惚，是沒有人能夠徹底通曉其奧蘊的。

【Point】

莊周的道術，與自然合一，變化無窮。凡是為外物所累，不能忘情生死的人，都不能與造物為友，也不能與莊周為友。

惠施的方術有五車

惠施的方術很多，他的書可以裝滿五輛馬車。他的道理雜而不純，他的言辭奇而不中。

他所分析萬物的道理，比如說：

最大的東西，是沒有外圍的。這叫做大一。最小的東西是沒有內核的，這叫做小一。

沒有厚度的東西，便不能堆積。但它的面可以延伸到數千里。

天和地是一樣低的；山和澤是一樣高的。

太陽剛到正中，同時便已偏斜。萬物剛剛出生的時候，同時也便是他死亡的時候。

南方沒有窮盡，卻也有窮盡。

今天剛到越國，從前卻已來過了。

連環是可以解開的。

惠施喜歡拿這些道理和人家辯論。辯論家也就拿一些古怪的道理來相應。他們說：

卵有毛。

雞有三隻腳。

楚國的郢都，包羅天下。

犬可以是羊。

馬有卵。

火不熱。

山有口。

飛馳的車輪不接觸地面。

眼睛看不見東西。

手指不能接觸到東西，能接觸到，便不會有距離。

龜比蛇要長。

矩不是方形的，規不是圓形的。

飛鳥的影子不曾移動。

飛箭有不進不停的時候。

狗不是犬。

白狗是黑的。

一尺的繩子，每天取一半，永遠取不完。

和影子競走的人

這些辯論，只能服人之口，不能服人之心。如果要這樣辯論下去，終身便沒有窮盡了。

——

惠施逞其智巧才能，放蕩而無所得。他拚命追逐萬物而不知道回頭。

世人研究方術，也是如此。這就像一個人和自己的影子競走一樣啊，真是太可憐了！

附錄　原典精選

逍遙遊第一

◎ 北冥有魚，其名為鯤。鯤之大，不知其幾千里也。化而為鳥，其名為鵬。鵬之背，不知其幾千里也；怒而飛，其翼若垂天之雲。是鳥也，海運則將徙於南冥。南冥者，天池也。

《齊諧》者，志怪者也。《諧》之言曰：「鵬之徙於南冥也，水擊三千里，搏扶搖而上者九萬里，去以六月息者也。」野馬也，塵埃也，生物之以息相吹也。天之蒼蒼，其正色邪？其遠而無所至極邪？其視下也，亦若是則已矣。

◎ 小知不及大知，小年不及大年。奚以知其然也？朝菌不知晦朔，蟪蛄不知春秋，此小年也。楚之南有冥靈者，以五百歲為春，五百歲為秋；上古有大椿者，以八千歲為

齊物論第二

春，八千歲為秋。而彭祖乃今以久特聞，眾人匹之，不亦悲乎！

◎ 肩吾問於連叔曰：「吾聞言於接輿，大而无當，往而不返。吾驚怖其言，猶河漢而无極也；大有逕庭，不近人情焉。」

連叔曰：「其言謂何哉？」

曰：「藐姑射之山，有神人居焉，肌膚若冰雪，〔綽〕〔淖〕約若處子。不食五穀，吸風飲露。乘雲氣，御飛龍，而遊乎四海之外。其神凝，使物不疵癘而年穀熟。吾以是狂而不信也。」

連叔曰：「然。瞽者无以與乎文章之觀，聾者无以與乎鐘鼓之聲。豈唯形骸有聾盲哉？夫知亦有之。是其言也，猶時女也。之人也，之德也，將旁礡萬物以為一世蘄乎亂，孰弊弊焉以天下為事！之人也，物莫之傷，大浸稽天而不溺，大旱金石流土山焦而不熱。是其塵垢粃糠，將猶陶鑄堯舜者也，孰肯以物為事！」

◎ 南郭子綦隱机而坐，仰天而噓，荅焉似喪其耦。顏成子游立侍乎前，曰：

「何居乎？形固可使如槁木，而心固可使如死灰乎？今之隱机者，非昔之隱机者也。」

子綦曰：「偃，不亦善乎，而問之也！今者吾喪我，汝知之乎？女聞人籟而未聞地籟，女聞地籟而未聞天籟夫！」

子游曰：「敢問其方。」

子綦曰：「夫大塊噫氣，其名為風。是唯无作，作則萬竅怒呺。而獨不聞之翏翏乎？山林之畏佳，大木百圍之竅穴，似鼻，似口，似耳，似枅，似圈，似臼；似洼者，似污者；激者，謞者，叱者，吸者，叫者，譹者，宎者，咬者，前者唱于而隨者唱喁。冷風則小和，飄風則大和，厲風濟則眾竅為虛。而獨不見之調調，之刁刁（刀刀）乎？」

子游曰：「地籟則眾竅是已，人籟則比竹是已。敢問天籟。」

子綦曰：「夫吹萬不同，而使其自己也，咸其自取，怒者其誰邪！」

◎昔者莊周夢為胡蝶也，栩栩然胡蝶也，自喻適志與！不知周也。俄然覺，則蘧蘧然周也。不知周之夢為胡蝶與，胡蝶之夢為周與？周與胡蝶，則必有分矣。此之謂物化。

養生主第三

◎ 公文軒見右師而驚曰：「是何人也？惡乎介也？天與，其人與？」曰：「天也，非人也。天之生是使獨也，人之貌有與也。以是知其天也，非人也。」

◎ 老聃死，秦失弔之，三號而出。

弟子曰：「非夫子之友邪？」曰：「然。」

「然則弔焉若此可乎？」

曰：「然。始也吾以為其人也，而今非也。向吾入而弔焉，有老者哭之，如哭其子；少者哭之，如哭其母。彼其所以會之，必有不蘄言而言，不蘄哭而哭者。是遁（遁）天倍情，忘其所受，古者謂之遁天之刑。適來，夫子時也；適去，夫子順也。安時而處順，哀樂不能入也，古者謂是帝之縣解。」

◎ 指窮於為薪，火傳也，不知其盡也。

人間世第四

—

◎ 葉公子高將使於齊，問於仲尼曰：「王使諸梁也甚重，齊之待使者，蓋將甚

敬而不急。匹夫猶未可動，而況諸侯乎！吾甚慄之。子常語諸梁也曰：『凡事若小若大，寡不道以懽成。事若不成，則必有人道之患；事若成，則必有陰陽之患。若成若不成而後无患者，唯有德者能之。』吾食也執粗而不臧，爨无欲清之人。今吾朝受命而夕飲冰，我其內熱與！吾未至乎事之情，而既有陰陽之患矣；事若不成，必有人道之患。是兩也，為人臣者不足以任之，子其有以語我來！」

仲尼曰：「天下有大戒二：其一，命也；其一，義也。子之愛親，命也，不可解於心；臣之事君，義也，無適而非君也，無所逃於天地之間。是之謂大戒。是以夫事其親者，不擇地而安之，孝之至也；夫事其君者，不擇事而安之，忠之盛也；自事其心者，哀樂不易施乎前，知其不可奈何而安之若命，德之至也。為人臣子者，固有所不得已。行事之情而忘其身，何暇至於悅生而惡死！夫子其行可矣！丘請復以所聞：凡交近則必相靡以信，遠則必忠之以言，言必或傳之。夫傳兩喜兩怒之言，天下之難者也。夫兩喜必多溢美之言，兩怒必多溢惡之言。凡溢之類妄，妄則其信之也莫，莫則傳言者殃。故法言曰：『傳其常情，无傳其溢言，則幾乎全。』且以巧鬥力者，始乎陽，常卒乎陰，大（泰）至則多奇巧；以禮飲酒者，始乎治，常卒乎亂，大（泰）至則多奇樂。凡事亦

然。始乎諒，常卒乎鄙；其作始也簡，其將畢也必巨。（夫）言者，風波也；

行者，實喪也。（夫）風波易以動，實喪易以危。故忿設无由，巧言偏辭。獸

死不擇音，氣息茀然，於是並生心厲。剋核太至，則必有不肖之心應之，而不

知其然也。苟為不知其然也，孰知其所終！故法言曰：『无遷令，无勸成，

過度益也。』遷令勸成殆事，美成在久，惡成不及改，可不慎與！且夫乘物

以遊心，託不得已以養中，至矣。何作為報也！莫若為致命。此其難者。」

◎ 匠石之齊，至於曲轅，見櫟社樹。其大蔽數千牛，絜之百圍，其高臨山十仞

而後有枝，其可以為舟者旁十數。觀者如市，匠伯不顧，遂行不輟。

弟子厭觀之，走及匠石，曰：「自吾執斧斤以隨夫子，未嘗見材如此其美也。

先生不肯視，行不輟，何邪？」

曰：「已矣，勿言之矣！散木也，以為舟則沉，以為棺槨則速腐，以為器則速

毀，以為門戶則液構，以為柱則蠹。是不材之木也，無所可用，故能若是之

壽。」

匠石歸，櫟社見夢曰：「女將惡乎比予哉？若將比予於文木邪？夫柤梨橘柚，

果蓏之屬，實熟則剝，剝則辱；大枝折，小枝泄。此以其能苦其生者也，故不

德充符第五

終其天年而中道夭，自掊擊於世俗者也。物莫不若是。且予求无所可用久矣，幾死，乃今得之，為予大用。使予也而有用，且得有此大也邪？且也若與予也皆物也，奈何哉其相物也？而幾死之散人，又惡知散木！」

匠石覺而診其夢。弟子曰：「趣取無用，則為社，何邪？」

曰：「密！若無言！彼亦直寄焉，以為不己者詬厲也。不為社者，且幾有翦乎！且也彼其所保與眾異，而以義譽（喻）之，不亦遠乎！」

◎ 魯有兀者叔山无趾，踵見仲尼。仲尼曰：「子不謹，前既犯患若是矣。雖今來，何及矣！」

无趾曰：「吾唯不知務而輕用吾身，吾是以亡足。今吾來也，猶有尊足者存，吾是以務全之也。夫天無不覆，地無不載，吾以夫子為天地，安和夫子之猶若是也！」

孔子曰：「丘則陋矣。夫子胡不入乎，請講以所聞！」

无趾出。孔子曰：「弟子勉之！夫无趾，兀者也，猶務學以復補前行之惡，而

況全德之人乎！」

无趾語老聃曰：「孔丘之於至人，其未邪？彼何賓賓以學子為？彼且蘄以諔詭幻怪之名聞，不知至人之以是為己桎梏邪？」

老聃曰：「胡不直使彼以死生為一條，以可不可為一貫者，解其桎梏，其可乎？」

无趾曰：「天刑之，安可解！」

◎ 惠子謂莊子曰：「人故无情乎？」

莊子曰：「然。」

惠子曰：「人而无情，何以謂之人？」

莊子曰：「道與之貌，天與之形，惡得不謂之人？」

惠子曰：「既謂之人，惡得无情？」

莊子曰：「是非吾所謂情也。吾所謂无情者，言人之不以好惡內傷其身，常因自然而不益生也。」

惠子曰：「不益生，何以有其身？」

莊子曰：「道與之貌，天與之形，无以好惡內傷其身。今子外乎子之神，勞乎

子之精，倚樹而吟，據槁梧而瞑。天選子之形，子以堅白鳴！」

◎泉涸，魚相與處於陸，相呴以濕，相濡以沫，不如相忘於江湖。

◎顏回問仲尼曰：「孟孫才，其母死，哭泣无涕，中心不戚，居喪不哀。无是三者，以善處喪蓋魯國。固有无其實而得其名者乎？回壹怪之。」

仲尼曰：「夫孟孫氏盡之矣，進於知矣。唯簡之而不得，夫已有所簡矣。孟孫氏不知所以生，不知所以死；不知就先，不知就後；若化為物，以待其所不知之化已乎！且方將化，惡知不化哉？方將不化，惡知已化哉？吾特與汝，其夢未始覺者邪！且彼有駭形而无損心，有旦宅而无情死。孟孫氏特覺，人哭亦哭，是自其所以乃。且也相與吾之耳矣，庸詎知吾所謂吾之乎？且汝夢為鳥而厲乎天，夢為魚而沒於淵。不識今之言者，其覺者乎，其夢者乎？造適不及笑，獻笑不及排，安排而去化，乃入於寥天一。」

應帝王第七

◎

意而子見許由。許由曰：「堯何以資汝？」

意而子曰：「堯謂我：『汝必躬服仁義而明言是非。』」

許由曰：「而奚來為軹？夫堯既已黥汝以仁義，而劓汝以是非矣，汝將何以遊夫遙蕩恣睢轉徙之塗乎？」

意而子曰：「雖然，吾願遊於其藩。」

許由曰：「不然。夫盲者无以與乎眉目顏色之好，瞽者无以與乎青黃黼黻之觀。」

意而子曰：「夫无莊之失其美，據梁之失其力，黃帝之亡其知，皆在鑪捶之間耳。庸詎知夫造物者之不息我黥而補我劓，使我乘成以隨先生邪？」

許由曰：「噫！未可知也。我為汝言其大略。吾師乎！吾師乎！韲萬物而不為義，澤及萬世而不為仁，長於上古而不為老，覆載天地刻彫眾形而不為巧。此所遊已。」

—

◎

齧缺問於王倪，四問而四不知。齧缺因躍而大喜，行以告蒲衣子。

蒲衣子曰：「而乃今知之乎？有虞氏不及泰氏。有虞氏，其猶藏仁以要人；亦得人矣，而未始出於非人。泰氏，其臥徐徐，其覺于于；一以己為馬，一以己為牛；其知情信，其德甚真，而未始入於非人。」

◎鄭有神巫曰季咸，知人之死生存亡，禍福壽夭，期以歲月旬日，若神。鄭人見之，皆棄而走。列子見之而心醉，歸，以告壺子，曰：「始吾以夫子之道為至矣，則又有至焉者矣。」

壺子曰：「吾與汝既其文，未既其實，而固得道與？眾雌而无雄，而又奚卵焉！而以道與世亢，必信，夫故使人得而相女（汝）。嘗試與來，以予示之。」

明日，列子與之見壺子。出而謂列子曰：「嘻！子之先生死矣！弗活矣！不以旬數矣！吾見怪焉，見濕灰焉。」

列子入，泣涕沾襟以告壺子。壺子曰：「鄉吾示之以地文，萌乎不震不正。是殆見吾杜德機也。嘗又與來。」

明日，又與之見壺子。出而謂列子曰：「幸矣子之先生遇我也！有瘳矣，全然有生矣！吾見其杜權矣。」

列子入，以告壺子。壺子曰：「鄉吾示之以天壤，名實不入，而機發於踵。是殆見吾善者機也。嘗又與來。」

明日，又與之見壺子。出而謂列子曰：「子之先生不齊，吾无得而相焉。試齊，且復相之。」

列子入，以告壺子。壺子曰：「吾鄉示之以太沖莫勝。是殆見吾衡氣機也。鯢桓之審為淵，止水之審為淵，流水之審為淵。淵有九名，此處三焉。嘗又與來。」

明日，又與之見壺子。立未定，自失而走。壺子曰：「追之！」

列子追之不及。反，以報壺子曰：「已滅矣，已失矣，吾弗及已。」

壺子曰：「鄉吾示之以未始出吾宗。吾與之虛而委蛇，不知其誰何，因以為弟靡，因以為波流，故逃也。」

然後列子自以為未始學而歸，三年不出。為其妻爨，食豕如食人。於事无與親，彫琢復朴，塊然獨以其形立。紛而封哉，一以是終。

◎南海之帝為儵，北海之帝為忽，中央之帝為渾沌。儵與忽時相與遇於渾沌之地，渾沌待之甚善。儵與忽謀報渾沌之德，曰：「人皆有七竅以視聽食息，此

獨无有，嘗試鑿之。」日鑿一竅，七日而渾沌死。

馬蹄第九

◎馬，蹄可以踐霜雪，毛可以禦風寒，齕草飲水，翹足而陸，此馬之真性也。雖有義臺路寢，無所用之。及至伯樂，曰：「我善治馬。」燒之、剔之、刻之、雒之、連之以羈，編之以皁棧，馬之死者十二三矣；飢之、渴之、馳之、驟之、整之、齊之，前有橛飾之患，而後有鞭筴之威，而馬之死者已過半矣。

陶者曰：「我善治埴，圓者中規，方者中矩。」匠人曰：「我善治木，曲者中鉤，直者應繩。」夫埴木之性，豈欲中規矩鉤繩哉！然且世世稱之曰「伯樂善治馬，而陶匠善治埴木」，此亦治天下者之過也。

胠篋第十

◎將為胠篋探囊發匱之盜而為守備，則必攝緘縢，固扃鐍，此世俗之所謂知也。然而巨盜至，則負匱揭篋擔囊而趨，唯恐緘縢扃鐍之不固也。然則鄉之所

天地第十二

謂知者，不乃為大盜積者也？

◎ 黃帝遊乎赤水之北，登乎崑崙之丘而南望，還歸，遺其玄珠。使知索之而不得，使離朱索之而不得，使喫詬索之而不得也。乃使象罔，象罔得之。黃帝曰：「異哉！象罔乃可以得之乎？」

天道第十三

◎ 桓公讀書於堂上。輪扁斲輪於堂下，釋椎鑿而上，問桓公曰：「敢問，公之所讀者何言邪？」

公曰：「聖人之言也。」

曰：「聖人在乎？」

公曰：「已死矣。」

曰：「然則君之所讀者，古人之糟魄已夫！」

天運第十四

桓公曰：「寡人讀書，輪人安得議乎！有說則可，无說則死。」

輪扁曰：「臣也以臣之事觀之。斲輪，徐則甘而不固，疾則苦而不入。不徐不疾，得之於手而應於心，口不能言，有數存焉於其間。臣不能以喻臣之子，臣之子亦不能受之於臣，是以行年七十而老斲輪。古之人與其不可傳也死矣，然則君之所讀者，古人之糟魄已夫！」

一

◎ 商大宰蕩問仁於莊子。

莊子曰：「虎狼，仁也。」

莊子曰：「父子相親，何為不仁？」

曰：「請問至仁。」

莊子曰：「至仁無親。」

大宰曰：「蕩聞之，無親則不愛，不愛則不孝。謂至仁不孝，可乎？」

莊子曰：「不然。夫至仁尚矣，孝固不足以言之。此非過孝之言也，不及孝之言也。夫南行者至於郢，北面而不見冥山，是何也？則去之遠也。故曰：以敬

刻意第十五

　

◎刻意尚行，離世異俗，高論怨誹，為亢而已矣；此山谷之士，非世之人，枯槁赴淵者之所好也。

語仁義忠信，恭儉推讓，為修而已矣；此平世之士，教誨之人，遊居學者之所好也。

語大功，立大名，禮君臣，正上下，為治而已矣；此之朝廷士，尊主強國之人，致功並兼者之所好也。就藪澤，處閒曠，釣魚閒處，无為而已矣；此江海之士，避世之人，閒暇者之所好也。

吹呴呼吸，吐故納新，熊經鳥申，為壽而已矣；此道引之士，養形之人，彭祖

孝易，以愛孝難；以愛孝易，以忘親難；忘親易，使親忘我難；使親忘我易，兼忘天下難；兼忘天下易，使天下兼忘我難。夫德遺堯舜而不為也，利澤施於萬世，天下莫知也，豈直大息而言仁孝乎哉？夫孝悌仁義，忠信貞廉，此皆自勉以役其德者也，不足多也。故曰，至貴，國爵并焉；至富，國財并焉至；至願，名譽并焉。是以道不渝。」

秋水第十七

壽考者之所好也。

若夫不刻意而高，无仁義而修，无功名而治，无江海而閒，不道引而壽，无不忘也，无不有也，澹然无極而眾美從之。此天地之道，聖人之德也。

◎秋水時至，百川灌河，涇流之大，兩涘渚崖之間，不辯牛馬。於是焉河伯欣然自喜，以天下之美為盡在己。順流而東行，至於北海，東面而視，不見水端，於是焉河伯始旋其面目，望洋向若而嘆曰：「野語有之曰，『聞道百以為莫己若者』，我之謂也。且夫我嘗聞少仲尼之聞而輕伯夷之義者，始吾弗信；今我睹子之難窮也，吾非至於子之門則殆矣，吾長見笑於大方之家。」

北海若曰：「井（蛙）不可以語於海者，拘於虛也；夏蟲不可以語於冰者，篤於時也；曲士不可以語於道者，束於教也。今爾出於崖涘，觀於大海，乃知爾醜，爾將可與語大理矣。天下之水，莫大於海，萬川歸之，不知何時止而不盈；尾閭泄之，不知何時已而不虛；春秋不變，水旱不知。此其過江河之流，不可為量數。而吾未嘗以此自多者，自以比形於天地而受氣於陰陽，吾在

（於）天地之間，猶小石小木之在大山也，方存乎見少，又奚以自多！計四海之在天地之間也，不似礨空之在大澤乎？計中國之在海內，不似稊米之在大倉乎？號物之數謂之萬，人處一焉；人卒九州，穀食之所生，舟車之所通，人處一焉；此其比萬物也，不似毫（豪）末之在於馬體乎？五帝之所連，三王之所爭，仁人之所憂，任士之所勞，盡此矣。伯夷辭之以為名，仲尼語之以為博，此其自多也，不似爾向之自多於水乎？」

河伯曰：「然則吾大天地而小毫（豪）末，可乎？」

北海若曰：「否。夫物，量无窮，時无止，分无常，終始无故。是故大知觀於遠近，故小而不寡，大而不多，知量无窮；證曏今故，故遙而不悶，掇而不跂，知時无止；察乎盈虛，故得而不喜，失而不憂，知分之无常也；明乎坦塗，故生而不說，死而不禍，知終始之不可故也。計人之所知，不若其所不知；其生之時，不若未生之時；以其至小求窮其至大之域，是故迷亂而不能自得也。由此觀之，又何以知毫（豪）末之足以定至細之倪！又何以知天地之足以窮至大之域！」

河伯曰：「世之議者皆曰：『至精无形，至大不可圍。』是信情乎？」

北海若曰：「夫自細視大者不盡，自大視細者不明。夫精，小之微也；垺，大之殷也；故異便。此勢之有也。夫精粗者，期於有形者也；无形者，數之所不能分也；不可圍者，數之所不能窮也。可以言論者，物之粗也；可以意致者，物之精也；言之所不能論，意之所不能察致者，不期精粗焉。

是故大人之行，不出乎害人，不多仁恩；動不為利，不賤門隸；貨財弗爭，不多辭讓；事焉不借人，不多食乎力，不賤貪污；行殊乎俗，不多辟異；為在從眾，不賤佞諂；世之爵祿不足以為勸，戮恥不足以為辱；知是非之不可為分，細大之不可為倪。問曰：『道人不聞，至德不得，大人无己。』約分之至也。」

河伯曰：「若物之外，若物之內，惡至而倪貴賤？惡至而倪小大？」

北海若曰：「以道觀之，物无貴賤；以物觀之，自貴而相賤；以俗觀之，貴賤不在己。以差觀之，因其所大而大之，則萬物莫不大；因其所小而小之，則萬物莫不小；知天地之為稊米也，知毫（豪）末之為丘山也，則差數睹矣。以功觀之，因其所有而有之，則萬物莫不有；因其所无而无之，則萬物莫不无；知東西之相反而不可以相无，則功分定矣。以趣觀之，因其所然而然之，則萬物莫不然；因其所非而非之，則萬物莫不非；知堯桀之自然而相非，則趣操睹

矣。昔者堯舜讓而帝，之噲讓而絕；湯武爭而王，白公爭而滅。由此觀之，爭

讓之禮，堯桀之行，貴賤有時，未可以為常也。梁麗可以衝城，而不可以窒

穴，言殊器也；騏驥驊騮，一日而馳千里，捕鼠不如狸狌，言殊技也；鴟鵂夜

撮蚤，察毫末，晝出瞋目而不見丘山，言殊性也。故曰，蓋師是而无非，師治

而无亂乎？是未明天地之理，萬物之情者也。是猶師天而无地，師陰而无陽，

其不可行明矣。然且語而不舍，非愚則誣也。帝王殊禪，三代殊繼。差其時，

逆其俗者，謂之篡夫；當其時，順其俗者，謂之義（之）徒。默默乎河伯！女

惡知貴賤之門，小大之家！」

河伯曰：「然則我何為乎，何不為乎？吾辭受趣舍，吾終奈何？」

北海若曰：「以道觀之，何貴何賤，是謂反衍；无拘而志，與道大蹇。何少何

多，是謂謝施；无一而行，與道參差。嚴乎若國之有君，其无私德；繇繇乎若

祭之有社，其无私福；泛泛乎其若四方之无窮，其无所畛域。兼懷萬物，其孰

承翼？是謂无方。萬物一齊，孰短孰長？道无終始，物有死生，不恃其成；一

虛一滿，不位乎其形。年不可舉，時不可止；消息盈虛，終則有始。是所以語

大義之方，論萬物之理也。物之生也，若驟若馳，无動而不變，无時而不移。

何為乎，何不為乎？夫固將自化。」

河伯曰：「然則何貴於道邪？」

北海若曰：「知道者必達於理，達於理者必明於權，明於權者不以物害己。至德者，火弗能熱，水弗能溺，寒暑弗能害，禽獸弗能賊。非謂其薄之也，言察乎安危，寧於禍福，謹於去就，莫之能害也。故曰，天在內，人在外，德在乎天。知天人之行，本乎天，位乎得；蹢而屈伸，反要而語極。」

北海若曰：「牛馬四足，是謂天；落馬首，穿牛鼻，是謂人。故曰，无以人滅天，无以故滅命，无以得殉名。謹守而勿失，是謂反其真。」

◎莊子釣於濮水，楚王使大夫二人往先焉，曰：「願以境內累矣！」莊子持竿不顧，曰：「吾聞楚有神龜，死已三千歲矣，王巾笥而藏之廟堂之上。此龜者，寧其死為留骨而貴乎？寧其生而曳尾於塗中乎？」二大夫曰：「寧生而曳尾塗中。」莊子曰：「往矣！吾將曳尾於塗中。」

◎莊子與惠子遊於濠梁之上。莊子曰：「儵魚出遊從容，是魚之樂也」。

至樂第十八

一

惠子曰：「子非魚，安知魚之樂？」

莊子曰：「子非我，安知我不知魚之樂？」

惠子曰：「我非子，固不知子矣；子固非魚也，子之不知魚之樂，全矣。」

莊子曰：「請循其本。子曰『汝安知魚樂』云者，既已知吾知之而問我，我知之濠上也。」

◎莊子妻死，惠子弔之，莊子則方箕踞鼓盆而歌。

惠子曰：「與人居，長子老身，死不哭亦足矣，又鼓盆而歌，不亦甚乎！」

莊子曰：「不然。是其始死也，我獨何能無概然！察其始而本無生，非徒無生也而本無形，非徒無形也而本無氣。雜乎芒芴之間，變而有氣，氣變而有形，形變而有生，今又變而之死，是相與為春秋冬夏四時行也。人且偃然寢於巨室，而我噭噭然隨而哭之，自以為不通乎命，故止也。」

◎列子行食於道從，見百歲髑髏，攓蓬而指之曰：「唯予與汝知而未嘗死，未

達生第十九

山木第二十

嘗生也。若果養乎？予果歡乎？」

外重者內拙。」

◎顏淵問仲尼曰：「吾嘗濟乎觴深之淵，津人操舟若神。吾問焉，曰：『操舟可學邪？』曰：『可。善游者數能。若乃夫沒人，則而未嘗見舟便操之也。』吾問焉而不吾告，敢問何謂也？」

仲尼曰：「善游者數能，忘水也。若乃夫沒人之未嘗見舟而便操之也，彼視淵若陵，視舟之覆猶其車卻也。覆卻萬方陳乎前而不得入其舍，惡往而不暇！以瓦注者巧，以鉤注者憚，以黃金注者殙。其巧一也，而有所矜，則重外也。凡外重者內拙。」

◎莊子行於山中，見大木，枝葉盛茂，伐木者止其旁而不取也。問其故，曰：「无所可用。」莊子曰：「此木以不材得終其天年。」

夫子出於山，舍於故人之家。故人喜，命豎子殺雁而烹之。豎子請曰：「其一能鳴，其一不能鳴，請奚殺？」主人曰：「殺不能鳴者。」

明日，弟子問於莊子曰：「昨日山中之木，以不材得終其天年；今主人之雁，以不材死；先生將何處？」

莊子笑曰：「周將處乎材與不材之間。材與不材之間，似之而非也，故未免乎累。若夫乘道德而浮遊則不然。无譽无訾，一龍一蛇，與時俱化，而无肯專為；一上一下，以和為量，浮遊乎萬物之祖；物物而不物於物，則胡可得而累邪！此神農黃帝之法則也。若夫萬物之情，人倫之傳，則不然。合則離，成則毀；廉則挫，尊則議，有為則虧，賢則謀，不肖則欺，胡可得而必乎哉！悲夫！弟子志之，其唯道德之鄉乎！」

◎ 莊周遊於雕陵之樊，睹一異鵲自南方來者，翼廣七尺，目大運寸，感周之顙而集於栗林。莊周曰：「此何鳥哉，翼殷不逝，目大不睹？」蹇裳躩步，執彈而留之。睹一蟬，方得美蔭而忘其身；螳蜋執翳而搏之，見得而忘其形；異鵲從而利之，見利而忘其真。

莊周怵然曰：「噫！物固相累，二類相召也！」捐彈而反走，虞人逐而誶之。

田子方第二十一

——

◎ 列禦寇為伯昏无人射，引之盈貫，措杯水其肘上，發之，適矢復沓，方矢復寓。當是時，猶象人也。

伯昏无人曰：「是射之射，非不射之射也。嘗與欲登高山，履危石，臨百仞之淵，若能射乎？」

於是无人遂登高山，履危石，臨百仞之淵，背逡巡，足二分垂在外，揖禦寇而進之。禦寇伏地，汗流至踵。

伯昏无人曰：「夫至人者，上闚青天，下潛黃泉，揮斥八極，神氣不變。今汝怵然有恂目之志，爾於中也殆矣夫！」

莊周反入，三月不庭。藺且從而問之：「夫子何為頃間甚不庭乎？」

莊周曰：「吾守形而忘身，觀於濁水而迷於清淵。且吾聞諸夫子曰：『入其俗，從其俗（令）。』今吾遊於雕陵而忘吾身，異鵲感吾顙，遊於栗林而忘真，栗林虞入以吾為戮，吾所以不庭也。」

◎楚王與凡君坐，少焉，楚王左右曰凡亡者三。凡君曰：「凡之亡也，不足以喪吾存。夫『凡之亡不足以喪吾存』，則楚之存不足以存存。由是觀之，則凡未始亡而楚未始存也。」

◎東郭子問於莊子曰：「所謂道，惡乎在？」

莊子曰：「无所不在。」

東郭子曰：「期而後可。」

莊子曰：「在螻蟻。」

曰：「何其下邪？」

曰：「在稊稗。」

曰：「何其愈下邪？」

曰：「在瓦甓。」

曰：「何其愈甚邪？」

曰：「在屎溺。」

東郭子不應。莊子曰：「夫子之問也，固不及質。正獲之問於監市履狶也，每下愈況。汝唯莫必，无乎逃物。至道若是，大言亦然。周遍咸三者，異名同實，其指一也。嘗相與游乎无何有之宮，同合而論，无所終窮乎！嘗相與无為乎！澹而靜乎！漠而清乎！調而閒乎！寥已吾志，无往焉而不知其所至，去而來而不知其所止，吾已往來焉而不知其所終；彷徨乎馮閎，大知入焉而不知其所窮。物物者與物无際，而物有際者，所謂物際者也；不際之際，際之不際者也。謂盈虛衰殺，彼為盈虛非盈虛，彼為衰殺非衰殺，彼為本末非本末，彼為積散非積散也。」

一

◎ 莊子送葬，過惠子之墓，顧謂從者曰：「郢人堊慢其鼻端若蠅翼，使匠石斲之，匠石運斤成風，聽而斲之，盡堊而鼻不傷，郢人立不失容。宋元君聞之，召匠石曰：『嘗試為寡人為之。』匠石曰：『臣則嘗能斲之。雖然，臣之質死久矣。』自夫子之死也，吾无以為質矣，吾无與言之矣。」

則陽第二十五

◎魏瑩與田侯牟約，田侯牟背之。魏瑩怒，將使人刺之。犀首公孫衍聞而恥之曰：「君為萬乘之君也，而以匹夫從讎！衍請受甲二十萬，為君攻之，虜其人民，係其牛馬，使其君內熱發於背。然後拔其國。忌也出走，然後抶其背，折其脊。」

季子聞而恥之曰：「築十仞之城，城者既十仞矣，則又壞之，此胥靡之所苦也。今兵不起七年矣，此王之基也。衍亂人，不可聽也。」

華子聞而醜之曰：「善言伐齊者，亂人也；善言勿伐者，亦亂人也；謂伐之與不伐亂人也者，又亂人也。」

君曰：「然則若何？」

曰：「君求其道而已矣！」

惠子聞之而見戴晉人。戴晉人曰：「有所謂蝸者，君知之乎？」

曰：「然。」

「有國於蝸之左角者曰觸氏，有國於蝸之右角者曰蠻氏，時相與爭地而戰，伏尸萬數，逐北旬有五日而後反。」

君曰：「噫！其虛言與？」

曰：「臣請為君實之。君以意在四方上下有窮乎？」

外物第二十六

◎莊周家貧，故往貸粟於監河侯。監河侯曰：「諾。我將得邑金，將貸予三百金，可乎？」

莊周忿然作色曰：「周昨來，有中道而呼者。周顧視車轍中，有鮒魚焉。周問之曰：『鮒魚來！子何為者邪？』對曰：『我，東海之波臣也。君豈有斗升

道堯舜於戴晉人之前，譬猶一吷也。」

惠子曰：「夫吹筦也，猶有嘃也；吹劍首者，吷而已矣。堯舜，人之所譽也；

客出，惠子見。君曰：「客，大人也，聖人不足以當之。」

客出而君惝然若有亡也。

君曰：「无辯。」

曰：「通達之中有魏，於魏中有梁，於梁中有王。王與蠻氏，有辯乎？」

君曰：「然。」

曰：「知遊心於無窮，而反在通達之國，若存若亡乎？」

君曰：「無窮。」

盜跖第二十九

◎ 孔子與柳下季為友，柳下季之弟，名曰盜跖。盜跖從卒九千人，橫行天下，侵暴諸侯，穴室樞戶，驅人牛馬，取人婦女，貪得忘親，不顧父母兄弟，不祭先祖。所過之邑，大國守城，小國入保，萬民苦之。孔子謂柳下季曰：「夫為人父者，必能詔其子；為人兄者，必能教其弟。若父不能詔其子，兄不能教其弟，則无貴父子兄弟之親矣。今先生，世之才士也，

◎ 儒以詩禮發冢。大儒臚傳曰：「東方作矣，事之何若？」小儒曰：「未解裙襦，口中有珠。詩固有之曰：『青青之麥，生於陵陂。生不布施，死何含珠為！』接其鬢，壓其顪，儒以金椎控其頤，徐別其頰，无傷口中珠！」

之水而活我哉？』周曰：『諾。我且南遊吳越之王，激西江之水而迎子，可乎？』鮒魚忿然作色曰：『吾失我常與，我无所處。吾得斗升之水活耳，君乃言此，曾不如早索我於枯魚之肆！』」

弟為盜跖，為天下害，而弗能教也，丘竊為先生羞之。丘請為先生往說之。」

柳下季曰：「先生言為人父者必能詔其子，為人兄者必能教其弟，若子不聽父之詔，弟不受兄之教，雖今先生之辯，將奈之何哉！且跖之為人也，心如涌泉，意如飄風，強足以距敵，辯足以飾非，順其心則喜，逆其心則怒，易辱人以言。先生必无往。」

孔子不聽，顏回為馭，子貢為右，往見盜跖。盜跖乃方休卒徒大山之陽，膾人肝而餔之。孔子下車而前，見謁者曰：「魯人孔丘，聞將軍高義，敬再拜謁者。」

謁者入通，盜跖聞之大怒，目如明星，髮上指冠，曰：「此夫魯國之巧偽人孔丘非邪？為我告之：『爾作言造語，妄稱文武，冠枝木之冠，帶死牛之脅，多辭繆說，不耕而食，不織而衣，搖脣鼓舌，擅生是非，以迷天下之主，使天下學士不反其本，妄作孝弟而僥倖於封侯富貴者也。子之罪大極重，疾走歸！不然，我將以子肝益晝餔之膳！』」

孔子復通曰：「丘得幸於季，願望履幕下。」

謁者復通，盜跖曰：「使來前！」

孔子趨而前，避席反走，再拜盜跖。盜跖大怒，兩展其足，案劍瞋目，聲如乳

虎，曰：「丘來前！若所言，順吾意則生，逆吾心則死。」

孔子曰：「丘聞之，凡天下有三德：生而長大，美好无雙，少長貴賤見而皆說之，此上德也；知維天地，能辯諸物，此中德也；勇悍果敢，聚眾率兵，此下德也。凡人有此一德者，足以南面稱孤矣。今將軍兼此三者，身長八尺二寸，面目有光，脣如激丹，齒如齊貝，音中黃鐘，而名曰盜跖，丘竊為將軍恥不取焉。將軍有意聽臣，臣請南使吳越，北使齊魯，東使宋衛，西使晉楚，使為將軍造大城數百里，立數十萬戶之邑，尊將軍為諸侯，與天下更始，罷兵休卒，收養昆弟，共祭先祖。此聖人才士之行，而天下之願也。」

盜跖大怒曰：「丘來前！夫可規以利而可諫以言者，皆愚陋恆民之謂耳。今長大美好，人見而悅之者，此吾父母之遺德也，丘雖不吾譽，吾獨不自知邪？且吾聞之，好面譽人者，亦好背而毀之。今丘告我以大城眾民，是欲規我以利而恆民畜我也，安可久長也！城之大者，莫大乎天下矣。堯舜有天下，子孫无置錐之地；湯武立為天子，而後世絕滅；非以其利大故邪？且吾聞之，古者禽獸多而人少，於是民皆巢居以避之，晝拾橡栗，暮栖木上，故命之曰有巢氏之民。古者民不知衣服，夏多積薪，冬則煬之，故命之曰知生之民。神農之世，臥則居居，起則于于，民知其母，不知其父，與麋鹿共處，耕而食，織而衣，无有

相害之心，此至德之隆也。然而黃帝不能致德，與蚩尤戰於涿鹿之野，流血百

里。堯舜作，立群臣，湯放其主，武王殺紂。自是之後，以強陵弱，以眾暴

寡，湯武以來，皆亂人之徒也。

今子修文武之道，掌天下之辯，以教後世，縫衣淺帶，矯言偽行，以迷惑天下之

主，而欲求富貴焉，盜莫大於子。天下何故不謂子為盜，而乃謂我為盜跖？

子以甘辭說子路而使從之，使子路去其危冠，解其長劍，而受教於子，天下皆

曰孔丘能止暴禁非。其卒之也，子路欲殺衛君而事不成，身菹於衛東門之上，

是子教之不至也。子自謂才士聖人邪？則再逐於魯，削跡於衛，窮於齊，圍於

陳蔡，不容身於天下。子教子路菹此患，上无以為身，下无以為人，子之道豈

足貴邪？

世之所高，莫若黃帝，黃帝尚不能全德，而戰涿鹿之野，流血百里。堯不慈，

舜不孝，禹偏枯，湯放其主，武王伐紂，文王拘羑里。此六子者，世之所高

也，孰論之，皆以利惑其真而強反其情性，其行乃甚可羞也。

世之所謂賢士，伯夷叔齊。伯夷叔齊辭孤竹之君而餓死於首陽之山，骨肉不

葬。鮑焦飾行非世，抱木而死。申徒狄諫而不聽，負石自投於河，為魚所食。

介子推至忠也，自割其股以食文公，文公後背之，子推怒而去，抱木而燔死。

尾生與女子期於梁下，女子不來，水至不去，抱梁柱而死。此六子者，无異於磔犬流豕操瓢瓣而乞者，皆離名輕死，不念本養壽命者也。

世之所謂忠臣者，莫若王子比干伍子胥。子胥沉江，比干剖心，此二子者，世謂忠臣也，然卒為天下笑。自上觀之，至于子胥比干，皆不足貴也。丘之所以說我者，若告我以鬼事，則我不能知也；若告我以人事者，不過此矣，皆吾所聞知也。

今吾告子以人之情，目欲視色，耳欲聽聲，口欲察味，志氣欲盈。人上壽百歲，中壽八十，下壽六十，除病瘦死喪憂惡，其中開口而笑者，一月之中不過四五日而已矣。天與地无窮，人死者有時，操有時之具而託於无窮之間，忽然无異騏驥之馳過隙也。不能說其志意，養其壽命者，皆非通道者也。

丘之所言，皆吾之所棄也，亟去走歸，无復言之！子之道，狂狂汲汲，詐巧虛偽事也，非可以全真也，奚足論哉！

孔子再拜趨走，出門上車，執轡三失，目芒然无見，色若死灰，據軾低頭，不能出氣。歸到魯東門外，適遇柳下季。

柳下季曰：「今者闕然數日不見，車馬有行色，得微往見跖邪？」

孔子仰天而歎曰：「然。」

柳下季曰：「跖得无逆汝意若前乎？」

孔子曰：「然。丘所謂无病而自灸也，疾走料虎頭，編虎須，幾不免虎口哉！」

列禦寇第三十二

◎朱泙漫學屠龍於支離益，單千金之家，三年技成而无所用其巧。

天下第三十三

◎惠施多方，其書五車，其道舛駁，其言也不中。麻物之意，曰：「至大无外，謂之大一；至小无內，謂之小一。无厚，不可積也，其大千里。天與地卑，山與澤平。日方中方睨，物方生方死。大同而與小同異，此之謂小同異；萬物畢同畢異，此之謂大同異。南方无窮而有窮，今日適越而昔來。連環可解也。我知天下之中央，燕之北越之南是也。氾愛萬物，天地一體也。」

惠施以此為大，觀於天下而曉辯者，天下之辯者相與樂之。卵有毛，雞三足，

郢有天下，犬可以為羊，馬有卵，丁子有尾，火不熱，山出口，輪不蹍地，目

不見，指不至，至不絕，龜長於蛇，矩不方，規不可以為圓，鑿不圍枘，飛鳥

之景未嘗動也，鏃矢之疾而有不行不止之時，狗非犬，黃馬驪牛三，白狗黑，

孤駒未嘗有母，一尺之捶，日取其半，萬世不竭。辯者以此與惠施相應，終身

无窮。

桓團公孫龍辯者之徒，飾人之心，易人之意，能勝人之口，不能服人之心，辯

者之囿也。惠施日以其知與人之辯，特與天下之辯者為怪，此其柢也。

然惠施之口談，自以為最賢，曰天地其壯乎！施存雄而无術。南方有倚人焉曰

黃繚，問天地所以不墜不陷，風雨雷霆之故。惠施不辭而應，不慮而對，遍為

萬物說，說而不休，多而无已，猶以為寡，益之以怪。以反人為實而欲以勝人

為名，是以與眾不適也。弱於德，強於物，其塗隩矣。由天地之道觀惠施之

能，其猶一蚊一虻之勞者也。其於物也何庸！夫充一尚可，曰愈貴道，幾矣！

惠施不能以此自寧，散於萬物而不厭，卒以善辯為名。惜乎！惠施之才，駘蕩

而不得，逐萬物而不反，是窮響以聲，形與影競走也。悲夫！

──選自郭慶藩《校正莊子集釋》

中國歷代經典寶庫 053

不如讀莊子── 教你如何活得自由的寓言

編　　撰─羅龍治
主　　編─林芳如
責任編輯─劉璞
執行企劃─廖婉婷
美術設計─林秦華
內頁排版─楊珮琪
編輯協力─連詠涵

董 事 長─趙政岷

出 版 者─時報文化出版企業股份有限公司
108019台北市和平西路三段二四〇號一至七樓
發行專線─(〇二)二三〇六六八四二
讀者服務專線─〇八〇〇二三一七〇五
(〇二)二三〇四七一〇三
讀者服務傳真─(〇二)二三〇四六八五八
郵撥─一九三四四七二四時報文化出版公司
信箱─10899台北華江橋郵局第九十九信箱

時報悅讀網─http://www.readingtimes.com.tw
電子郵件信箱─ctliving@readingtimes.com.tw
新潮線臉書─https://www.facebook.com/udnnova?fref=ts
法律顧問─理律法律事務所陳長文律師、李念祖律師
印　　刷─紘億彩色印刷有限公司
初版一刷─二〇一六年八月十九日
初版四刷─二〇二二年十一月十一日
定　　價─新台幣二八〇元

時報文化出版公司成立於一九七五年,
並於一九九九年股票上櫃公開發行,於二〇〇八年脫離中時集團非屬旺中,
以「尊重智慧與創意的文化事業」為信念。

不如讀莊子──教你如何活得自由的寓言 / 羅龍治編撰 .- 初版 .- 臺北市 : 時報文化 , 2016.08
面: 公分 .-(經典文庫)

ISBN 978-957-13-6744-6(平裝)

1. 莊子 2. 通俗作品

121.33　　　　　　　　　105013967